TRECE

52

LECCIONES DE VIDA

GUILLERMO MALDONADO

CASA DE PAZ

NUESTRA MISIÓN

Llamados a traer el poder sobrenatural
de Dios a esta generación.

Edición Enero 2023

ISBN: 978-1-615760-183

Todos los derechos están reservados
por el Ministerio Internacional El Rey Jesús.

Esta publicación no puede ser reproducida, alterada parcial o totalmente, archivada en un sistema electrónico ni transmitida bajo ninguna forma electrónica, mecánica, fotográfica, grabada o de alguna otra manera, sin el permiso previo, por escrito del autor. Todos los textos bíblicos han sido tomados de Reina-Valera (1960). Biblia Plenitud. Nashville, TN 37214: Editorial Caribe.

Director del Proyecto: Adrián Ramirez
Editor Principal: José M. Anhuaman
Editoras: Gloria Zura y Martha Anhuaman
Diseño de Portada: Danielle Cruz-Nieri
Categoría: Liderazgo / Crecimiento Espiritual

Ministerio Internacional El Rey Jesús
14100 SW 144 Ave. Miami, FL 33186
Tel: 305.382.3171 - Fax: 305.382.3178

Impreso en los Estados Unidos de América.

Índice

	Introducción	5
	Oración de salvación	6
	Prioridades de las Casas de Paz	6
1.	¿Quién es Dios?	8
2.	Dios quiere tener relación con nosotros	10
3.	Acercándonos a Dios	12
4.	La comunión entre hermanos en Cristo	14
5.	¿Tienes una religión o una relación?	16
6.	Cómo tener relación con Dios	18
7.	Los beneficios de tener una relación con Dios	20
8.	Compartiendo el amor de Dios	22
9.	¿Quién es la iglesia de Cristo?	24
10.	La importancia del compañerismo	26
11.	¿Para qué nos congregamos como iglesia?	28
12.	Nos congregamos para servir a una visión	30
13.	Unidos en Cristo	32
14.	Jesús es el Hijo de Dios	34
15.	Jesús es nuestro Salvador	36
16.	La resurrección de Jesús	38
17.	Pasión por las almas	40
18.	Somos un espíritu en un cuerpo	42
19.	El estado caído de la humanidad	44
20.	Buscando identidad en los lugares incorrectos	46
21.	Jesús nos da identidad de hijos de Dios	48
22.	Comunión con Dios y con los hermanos	50
23.	Amar como Dios ama	52
24.	El amor se da sin reservas	54
25.	Características del amor de Dios	56
26.	El amor de Dios demostrado	58

27.	¿Por qué tenemos que orar?	60
28.	¿Por qué muchas oraciones no son contestadas?	62
29.	Orando en el nombre de Jesús	64
30.	Compartir como hermanos en Cristo	66
31.	El pecado y sus consecuencias	68
32.	El arrepentimiento	70
33.	¿De qué tenemos que arrepentirnos?	72
34.	¿Cómo somos perdonados?	74
35.	Dios nos manda a arrepentirnos	76
36.	El juicio de Dios	78
37.	El juicio del creyente	80
38.	El juicio de los incrédulos	82
39.	Somos el cuerpo de Cristo	84
40.	¿Existen el cielo y el infierno?	86
41.	¿Qué dice la Biblia acerca del infierno?	88
42.	¿Cómo es el cielo?	90
43.	Arrebatando almas	92
44.	Fijando los ojos en Jesús	94
45.	Dios nunca falla	96
46.	Ser agradecidos	98
47.	Gratitud y oración	100
48.	Gratitud hacia Dios y los hermanos	102
49.	El nacimiento sobrenatural de Jesús	104
50.	La importancia del Salvador	106
51.	Celebración de Navidad	108
52.	Agradecimiento a Dios por Su bondad	110
	Oración de salvación	112

Introducción

Amados líderes de Casa de Paz, estamos viviendo los últimos tiempos y el Señor nos permite asumir un papel protagónico en el avance de Su reino en la tierra. Somos los llamados a recoger la cosecha final de almas, que será la más grande de la historia. Desde la sala de su casa, su oficina, su negocio, o donde quiera que se reúna con sus amigos, familiares o la gente de su vecindario para compartir la palabra de Dios, usted está causando un gran impacto en el mundo espiritual.

Enseñar la palabra de Dios no es cosa sencilla. Significa que, en lo natural, hemos estudiado y nos hemos preparado para esta ocasión tan especial de cada semana. En el ámbito espiritual adquiere mayor relevancia, porque significa que hemos buscado el rostro de Dios en la intimidad, mediante oración, ayuno, sacrificio y acciones de gracias hacia nuestro Padre celestial. Todo con el fin de dar lo mejor de Dios a nuestro invitados.

Este año las clases tienen una secuencia muy definida, que nos llevan a incrementar nuestro conocimiento de Dios, acercarnos más a Él, tener comunión con los hermanos, saber diferenciar entre la religión de la que huye el mundo y buscar una relación más profunda e íntima con Dios, el Todopoderoso, el creador de los cielos y la tierra, con Su Hijo Jesucristo, nuestro Señor y Salvador, y con Su Espíritu Santo, nuestro Consolador, guía y sabio consejero en la tierra.

Tener una relación muy cercana con Dios nos lleva a recibir Su amor y compartirlo con los demás. Nos lleva a congregarnos para adorarlo corporativamente y servirlo a través de una visión. Nos lleva a mantenernos unidos en el amor de Cristo, a sentir pasión por las almas y encontrar nuestra verdadera identidad en Dios. Jesús es quien nos da identidad de hijos de Dios y nos enseña a amar como Dios ama. No solo eso, sino que podemos ver una demostración de Su amor cada mañana.

Es por amor que Él nos permite entrar al Lugar Santísimo y conocerlo más profundamente. No hay obra de amor más grande que el sacrificio de Jesús en la cruz. Por eso cuando nos acercamos al Padre, lo hacemos desde una posición de justicia, mediante la fe en Cristo. Por el intercambio producido en la cruz, todos nuestros pecados son perdonados. ¿Qué debemos hacer? Recibir a Jesús y arrepentirnos de todo lo malo que hicimos.

El cielo y el infierno existen. Jesús habló más del infierno que del cielo, porque quiere advertirnos de no ir a ese lugar de tormento eterno. El infierno no fue creado para el hombre sino para el diablo y sus demonios. Nuestra tarea es arrebatarle al enemigo aquellas almas que estaban listas para irse al infierno.

Por eso, hemos incluido algunas lecciones cortas, con dos finalidades. La primera es que usted como líder y los integrantes de su Casa de Paz tengan tiempo para confraternizar con los hermanos. La otra finalidad es que salga por el vecindario a ganar almas. Ese día, se da una enseñanza corta, se ora y todos vamos a la calle a ganar almas.

Amado líder, lo animo a no rendirse ni abandonar. Le doy gracias a Dios por su vida, porque no existe nada mejor que desgastarse por causa del Evangelio.

Los amo en el amor de Cristo,

GUILLERMO MALDONADO
Ministerio Internacional El Rey Jesús

PRIORIDADES DE LAS CASAS DE PAZ

CUIDADO PASTORAL

Lo más sagrado para Dios es la gente. Dios le está confiando personas y Él espera que usted y sus sublíderes les den cuidado pastoral en su Casa de Paz, sirviéndolas y amándolas con compasión. El cuidado pastoral también se da orando por sus necesidades, llamándolos, visitándolos y desarrollando una relación con ellos.

El objetivo es conectar a las personas de su Casa de Paz con la iglesia y con el liderazgo de la iglesia.

"DE LA CASA DE PAZ A LA IGLESIA"

Esperamos que cada líder de Casa de Paz conecte a su gente con la iglesia y con el liderazgo de la iglesia. La semana que se imparten estas enseñanzas, se espera que el líder de Casa de Paz traiga a un servicio dominical personas que no se congregan en nuestra iglesia y las conecte con un mentor.

El objetivo es conectar a las personas de su casa de paz con la iglesia y con nuestro padre espiritual.

EL LLAMADO A LA SALVACIÓN

El llamado debe hacerse a dos tipos diferentes de personas. Primero, haga siempre el llamado a las personas que recibirán a Jesús por primera vez en su vida; y segundo, a las personas que dejaron los caminos de Dios y ahora quieren reconciliarse con Jesús. Nunca suponga que todos son salvos, el llamado debe hacerse cada semana.

El objetivo es siempre hacer el llamado con urgencia en su espíritu y con urgencia en su voz, dando como resultado que las almas reciban a Jesús.

ENSEÑANZA Y DEMOSTRACIÓN

Usted es una extensión de nuestro padre espiritual, quien lo ha enviado a predicar el Reino y a demostrarlo. Después de cada clase debe haber una demostración del poder sobrenatural de Dios con evidencias de milagros, sanidades, liberación y profecía.

El objetivo es demostrar siempre el poder sobrenatural de Dios.

CRUZADAS DE MILAGROS

El objetivo final de una cruzada de milagros es ganar almas para el Reino y demostrar el poder sobrenatural de Dios. Tómese el tiempo para promover y anunciar la cruzada de milagros, y para orar y creer por una mega asistencia, mega cosecha de almas y mega milagros en cada cruzada.

El objetivo es llenar su Casa de Paz con almas, en especial, personas enfermas; y entonces demostrar el poder sanador de Dios.

DIEZMOS Y OFRENDAS

Los diezmos y ofrendas siempre deben recogerse. Dios no toma a la ligera los diezmos y ofrendas. Use sobres de la iglesia para recoger la ofrenda y presente las diferentes opciones de diezmar y ofrendar: vía texto, en efectivo, tarjeta de crédito, criptomoneda, o cheque a nombre de El Rey Jesús.

El objetivo es recoger diezmos y ofrendas semanalmente; y esa misma semana entregar su bolsa de ofrendas de Casa de Paz, durante alguno de los servicios del domingo.

ORACIÓN DE SALVACIÓN

Padre Celestial, yo reconozco que soy un pecador y que mi pecado me separa de Ti. Me arrepiento de todos mis pecados y confieso a Jesús como mi Señor y Salvador. Creo con todo mi corazón que Dios el Padre levantó a Jesús de entre los muertos, por el poder de Su Espíritu Santo. Señor Jesús, entra en mi corazón y transforma mi vida. El día que muera, al abrir los ojos, sé que estaré en tus brazos. ¡Amén!

CASA DE PAZ *agenda*

Adoración	10 Minutos
Bienvenida y anuncios	5 Minutos
Enseñanza	15 Minutos
Ministración y testimonios	20 Minutos
Diezmos y ofrendas	10 Minutos
Llamado para salvación	5 Minutos
Oración final y despedida	5 Minutos
Koinonía y refrigerio	15 Minutos

LECCIÓN 1

¿Quién es Dios?

OBJETIVOS

- Aprender acerca de Dios, basados en datos de la creación
- Aprender que Dios quiere tener relación con nosotros

"En el principio creó Dios los cielos y la tierra".
Génesis 1:1

¿Quién es Dios? ¿Cómo es? ¿Somos importantes para Él? ¿Se identifica con nosotros? ¿Podemos identificarnos con Él? A lo largo de la historia, la gente ha inventado muchos dioses. Sin embargo, el verdadero y único Dios se ha revelado en la naturaleza, en Su Palabra, en la Biblia, y en Su Hijo Jesucristo.

Génesis 1:1 dice mucho acerca de Dios. Primero, Él es el creador de todas las cosas. Antes que Dios creara el universo nada existía; no había espacio, tiempo, ni materia. Esto habla de los atributos Dios. Entre otras cosas nos muestra que:

1. Dios es eterno

Dios siempre ha existido y siempre existirá. Existía en el ámbito llamado "eternidad", antes que el tiempo fuera creado. Su nombre revelado es "Jehová", que significa "Yo Soy", el cual enfatiza Su intemporalidad (que trasciende o está fuera del tiempo).

2. Dios es todopoderoso

Si observamos el universo visible, resulta difícil estimar cuántas estrellas hay. Un estimado realizado en 2014 dio como resultado un número próximo a los 70 billones de billones de estrellas. Sin embargo, esas estimaciones cambian con frecuencia porque, cada vez que un telescopio de mayor poder va al espacio, el número estimado de galaxias que alcanza a divisar aumenta unas diez veces. Si bien esta estimación parece gigantesca, los científicos creen que representa solo el cinco por ciento del universo. El hecho de que Dios creara todo esto de la nada, prueba que, sin lugar a duda, Él es todopoderoso.

3. Dios es omnisciente

Todas las leyes de la física, el funcionamiento y estructura del universo, así como nuestras vidas, dependen de un diseño maravilloso hecho por una inteligencia sobrenatural. Estas leyes funcionan en total armonía para que la vida humana pueda existir. Así se demuestra que Dios sabe mucho más que cualquier ser humano acerca de cada aspecto de la vida.

4. Dios se revela a Sí mismo

Si bien hay mucho que la creación nos enseña acerca de Dios, hay mucho más de Él que no conocemos. Por eso, Dios decidió revelarse por medio de la Biblia. La Escritura nos habla de diversos atributos de Dios, pero el más importante es que Él se revela a Sí mismo, porque quiere tener relación con nosotros. Esa relación viene a través de Jesucristo, el Hijo de Dios, quien murió por nuestros pecados en la cruz. Si hoy usted se arrepiente de sus pecados y lo recibe como su Señor y Salvador, también podrá tener una relación con Dios.

PREGUNTAS

1. ¿Qué podemos aprender acerca de Dios, si solo consideramos la creación del universo?

2. De todos los atributos que hemos conocido de Dios en esta clase, ¿cuál considera el más importante? (Ej: que Dios se revela a Sí mismo, porque quiere tener una relación con la humanidad).

ACTIVACIÓN

- El líder hará el llamado de salvación.
- Luego, orará por aquellos que quieren conocer más a Dios.
- Finalmente, orará por las necesidades de la gente.

DIEZMOS Y OFRENDAS

"Porque en él fueron creadas todas las cosas, las que hay en los cielos y las que hay en la tierra, visibles e invisibles; sean tronos, sean dominios, sean principados, sean potestades; todo fue creado por medio de él y para él". **Colosenses 1:16**

Como aprendimos en la lección de hoy, Dios creó todas las cosas. Eso significa que Él es dueño de todo. Nosotros solo somos mayordomos de Sus posesiones. Podemos confiar en Él porque, si creó el universo para que nosotros habitáramos, también puede ocuparse de nuestras necesidades. Entreguémosle al Señor nuestras necesidades económicas, dándole nuestros diezmos y ofrendas para honrarlo como dueño de todas las cosas.

LECCIÓN 2

Dios quiere tener relación con nosotros

OBJETIVO

- Aprender que Dios quiere tener una relación personal con nosotros.

"Mas Jehová Dios llamó al hombre, y le dijo: ¿Dónde estás tú?" **Génesis 3:9**

En la Biblia hay muy pocos lugares donde Dios busca algo. En Génesis 3:9 vemos que Su deseo es tener una relación con nosotros. Cuando Adán pecó contra Dios lo primero que hizo fue esconderse de Él. Muchas veces nos escondemos de Dios porque sentimos vergüenza por algo que hemos hecho. Sin embargo, Dios no quiere que huyamos de Él, sino que vengamos ante Su presencia, porque Él es el único que puede resolver los problemas en nuestra vida. El Señor quiere crear y edificar una hermosa relación de amor y compromiso, de continuo crecimiento con nosotros.

¿QUÉ ES UNA RELACIÓN?

Una relación es la conexión, asociación o participación entre dos o más personas y la forma cómo se comportan entre sí. Obviamente, no se puede tener una relación con un extraño; hay que conocer a la persona. El nivel más profundo de relación es poder abrir nuestro corazón ante otra persona. Dios sabe lo que hay en nuestro corazón; aun así, quiere que le abramos nuestro corazón a Él, voluntariamente, en una relación amorosa y profunda. ¿Cómo podemos desarrollar una relación así con Dios?

CLAVES PARA TENER UNA RELACIÓN SANA CON DIOS

1. Confiar en Dios

"Fíate de Jehová de todo tu corazón, y no te apoyes en tu propia prudencia. Reconócelo en todos tus caminos, y él enderezará tus veredas".
Proverbios 3:5-6

Tener una relación con alguien incluye la confianza mutua. Dios es nuestra fuente de vida ilimitada y nos ama. Cuando le quitamos los límites, confiamos en Él en cada aspecto de nuestra vida y reconocemos que Él es el origen de todo; lo vemos moverse en todas las áreas. ¿En qué ámbitos de su vida necesita confiar más en Dios? ¡Nada hay que el Señor no pueda hacer!

2. Asumir compromisos con Dios

No puede haber una relación profunda con otra persona si no existe compromiso en la relación. Dios no quiere una relación casual. Él está comprometido por completo a tener una relación con Sus hijos. Desafortunadamente, nosotros no nos comprometemos con Él de la misma forma. Por esa razón no vivimos en la bendición completa que el Padre nos tiene preparada.

¿CÓMO ME COMPROMETO CON DIOS?

Separe tiempo para adorar, orar y leer la Biblia. Asista a la iglesia, a una Casa de Paz, o a un instituto bíblico. Pase tiempo con Dios y aprenda acerca de Él, y Él se revelará a usted. Busque a Dios intencionalmente, a diario.

3. Amar a Dios

"Nosotros le amamos a él, porque él nos amó primero". **1 Juan 4:19**

Una relación profunda es una relación de amor. Dios mostró Su amor por nosotros entregando a Su único Hijo, Jesús, para que muriera en la cruz por nuestros pecados. Usted ya no tiene que castigarse por sus errores, ni por lo que hizo o dejó de hacer. Jesús ve sus pecados de hoy y los del futuro como parte de su pasado. Él solo quiere amarlo; quiere llevarlo a un futuro brillante a medida que usted crece en su relación con Él. El amor de Dios no se puede ganar; el Padre nos lo da voluntariamente y por gracia.

¿QUIERE RECIBIR EL AMOR DE DIOS?

Usted puede recibir ese amor hoy, aceptando a Jesucristo como su Señor y Salvador.

PREGUNTAS

1. ¿Por qué Adán se escondió de Dios?
2. ¿Se está escondiendo usted de Dios?
3. ¿Qué tipo de relación quiere Dios?
4. ¿Qué impide que nos comprometamos con Dios por completo?

ACTIVACIÓN

- El líder hará el llamado de salvación.
- Luego, orará por aquellos que quieran comprometerse con Dios.
- Finalmente, orará por las necesidades de la gente.

OFRENDA

"Yo soy la vid, vosotros los pámpanos; el que permanece en mí, y yo en él, este lleva mucho fruto; porque separados de mí nada podéis hacer".
Juan 15:5

A medida que nos acerquemos a Dios a través de una relación profunda e íntima, comenzaremos a llevar mucho fruto en cada área de nuestra vida, incluyendo las finanzas. No podemos prosperar si no dependemos de Dios. Él es nuestra fuente de provisión. Si sembramos en Su reino, debemos confiar en Su promesa, según la cual llevaremos mucho fruto si permanecemos en Él.

LECCIÓN 3

Acercándonos a Dios

OBJETIVOS

- Entender que debemos acercarnos a Dios
- Aprender cómo acercarnos a Él

"Entonces, me llamarás y orarás a Mí, y Yo oiré [tu voz] y te escucharé. Entonces, me buscarás [con un profundo anhelo] y me requerirás [como necesidad vital] y [me] encontrarás, cuando me busques con todo tu corazón". **Jeremías 29:12-13 (AMP)**

Lo más importante que una persona puede hacer es acercarse a Dios. Pero, esto no es un lujo sino una necesidad si tenemos que navegar durante tiempos inciertos. Cuanto más nos acercamos al regreso de Jesús, necesitamos ser más capaces de oír Su voz y seguir Sus instrucciones. Hoy, aprenderemos cómo acercarnos a Dios.

TRES CLAVES PARA ACERCARNOS A DIOS

1. Oración y ayuno

La oración y el ayuno son maneras poderosas de acercarnos a Dios. Algunas circunstancias en nuestra vida no solo requieren oración, sino una combinación de oración y ayuno.

"Y les dijo: Este género con nada puede salir, sino con oración y ayuno". **Marcos 9:29**

Cuando ayunamos y oramos, nos negamos a nosotros mismos para acercarnos a Dios. El ayuno nos permite estar más sensibles a Su voz, liderazgo, guía e instrucciones. A medida que usted va creciendo en liderazgo, el ayuno se vuelve un estilo de vida que lo mantiene sensible a la voz y al mover de Dios.

2. Alabanza y adoración

La alabanza es una manera de agradecer a Dios por lo que Él ha hecho, está haciendo y hará en nuestra vida. La Biblia dice que Dios habita (vive) en medio de las alabanzas de Su pueblo. Crear un estilo de vida de alabanza y adoración genera una atmósfera donde Dios puede habitar con usted.

3. Dar con generosidad

"Den, y se les dará. Derramarán sobre su regazo una buena medida —apretada, remecida y rebosante [sin espacio para más]. Porque con la misma medida que usen [cuando hacen el bien a otros], se les medirá a ustedes de vuelta". **Lucas 6:38 (AMP)**

Dar es un acto despojado de egoísmo por parte de alguien que piensa en Dios, y en otros, antes que en sí mismo. Todo aquello que usted le dé a Dios, Él lo multiplicará para dárselo de vuelta.

Jesús es el máximo ejemplo de lo que es dar. Dios el Padre dio a Su único Hijo para que muriera por el perdón de nuestros pecados. Cuando lo recibimos como nuestro Salvador, ese regalo cambia nuestra vida para siempre. Dar nuestra vida a Dios nos permite disfrutar de todos los beneficios de ser un hijo de Dios.

PREGUNTAS

1. ¿Cuáles son los beneficios de ayunar?
2. ¿Qué sucede cuando alabamos y adoramos a Dios?
3. ¿Qué ocurre cuando le damos generosamente a Dios?

ACTIVACIÓN

- El líder hará el llamado de salvación.
- Guiará a la gente a tomar la decisión de acercarse intencionalmente a Dios, cada día.
- Finalmente, orará por las necesidades de las personas.

OFRENDA

"Entonces me invocaréis, y vendréis y oraréis a mí, y yo os oiré; y me buscaréis y me hallaréis, porque me buscaréis de todo vuestro corazón".
Jeremías 29:12-13

Dios quiere tener relación íntima con nosotros. Cuando lo adoramos de todo corazón, el Señor promete escucharnos y encontrarnos con Él. Una de las maneras de adorar a Dios es con nuestras ofrendas. Estas representan nuestro sacrificio de amor por Él. Hoy, al dar nuestras ofrendas, hagámoslo con fe, sabiendo que el Señor responderá a nuestro sacrificio.

LECCIÓN 4

La comunión entre hermanos en Cristo

OBJETIVO

- Tener un tiempo de comunión con los hermanos.

"Y perseveraban en la doctrina de los apóstoles, en la comunión unos con otros, en el partimiento del pan y en las oraciones. Y sobrevino temor a toda persona; y muchas maravillas y señales eran hechas por los apóstoles". **Hechos 2:42-43**

La palabra "comunión", que vemos en este versículo, es la traducción al español del vocablo griego *koinonia*. Esta palabra también significa "compañerismo y participación en común". Cuando los hermanos se mantienen en comunión unos con otros, en la iglesia, en las Casas de Paz, en la oración, vemos que el poder de Dios se manifiesta trayendo milagros, señales y maravillas.

La Casa de Paz es un lugar donde podemos tener comunión con los hermanos y con el Señor. Además, allí nos podemos conocer y orar los unos por los otros. Tomemos esta oportunidad para compartir nuestra vida, experiencias y testimonios en la familia del Señor.

PREGUNTAS FINALES

1. ¿Por qué es importante tener comunión unos con otros?
2. ¿Qué sucede cuando oramos juntos?

ACTIVACIÓN

- El líder hará el llamado a la salvación.
- Luego, orará por las necesidades de las personas.
- En esta ocasión, es importante que usen el tiempo para compartir como hermanos en Cristo.
- Finalmente, el líder animará a los asistentes a traer una persona nueva la siguiente semana.

OFRENDA

"Todos los que habían creído estaban juntos, y tenían en común todas las cosas; y vendían sus propiedades y sus bienes, y lo repartían a todos según la necesidad de cada uno". **Hechos 2:44-45**

Los cristianos de los primeros tiempos vendían sus bienes y los ofrendaban a la iglesia para suplir las necesidades de todos por igual. Nosotros seguimos ese ejemplo trayendo nuestros diezmos y ofrendas, los cuales proveen lo necesario para hacer avanzar el evangelio por el mundo y suplir las necesidades de los hermanos. ¡Traigamos nuestros diezmos y ofrendas hoy, y participemos en la hermosa tarea de ayudar a los demás!

KOINONÍA:
Al final de esta lección, por favor tenga un tiempo de compañerismo con todos los miembros de su Casa de Paz. Por ejemplo: compartan un café o hagan una actividad para romper el hielo, etc.

LECCIÓN 5

¿Tienes una religión o una relación?

OBJETIVOS

- Entender la diferencia entre religión y relación
- Entender que solo podemos tener una relación con Dios a través de Jesucristo

"A Dios nadie le vio jamás; el unigénito Hijo, que está en el seno del Padre, él le ha dado a conocer".
Juan 1:18

En un mundo tan lleno de caos, la gente necesita respuestas. Muchas veces, se vuelcan a la religión en busca de un poder más alto. Desafortunadamente, Dios no puede ser hallado en una religión, sino a través de una relación. Jesús no vino a establecer una religión, sino a mostrarnos el camino al Padre celestial. Hoy, vamos a conocer la diferencia entre religión y relación.

¿QUÉ ES LA RELIGIÓN?

La religión es un sistema de conductas, prácticas morales, tradiciones y creencias en un ser superior o en lo sobrenatural. Las religiones pueden tener muchos rituales y fórmulas para estar bien con Dios. Por ejemplo, la mayoría de ellas enseñan que si hacemos más bien que mal, entraremos al Cielo. Esta creencia común es completamente contraria a las palabras y hechos de Jesús. En resumen, la religión es un intento humano de estar bien con Dios.

DIOS QUIERE UNA RELACIÓN

Por lo general, la religión demanda mucho de sus seguidores, pero no necesariamente los acerca a Dios. A menudo pone una persona o un obstáculo en el camino y nunca permite que la gente tenga acceso a Dios. Cuando Jesús vino a la tierra, Él enseñó que debemos tener una relación con el Padre celestial. De la misma manera que los hijos naturales tienen una relación con sus padres naturales, nosotros debemos tener una relación con Dios, como nuestro Padre.

"Vosotros, pues, oraréis así: Padre nuestro que estás en los cielos, santificado sea tu nombre". **Mateo 6:9**

DIFERENCIAS ENTRE RELIGIÓN Y RELACIÓN

Es importante que sepamos determinar si lo que estamos viviendo con Dios es una religión o una relación. A continuación, veremos algunas distinciones que nos permitirán saber si tenemos una relación genuina con Dios, o si solo estamos metidos en rituales y tradiciones religiosos, que no nos acercan a Él.

SU PROPIA EVALUACIÓN

¿Está siguiendo una religión o tiene una relación con Dios? Puede sorprenderle saber que la Biblia enseña que, sin Cristo, nadie puede tener una relación con el Padre. Él es la puerta a través de la cual debemos acercarnos a Dios.

RELIGIÓN	RELACIÓN
• Intenta controlarnos para que hagamos lo correcto.	• Nos libera para que hagamos lo correcto.
• Se basa en el miedo y el castigo. "Yo hago lo bueno porque tengo miedo del castigo".	• Se basa en el amor. "Yo hago lo bueno porque amo a Dios".
• Las personas nunca son lo suficientemente buenas.	• Somos aceptados como justos, gracias a que Jesús murió por nosotros.
• Lleva a la santurronería: "Yo hago lo correcto para merecer el Cielo".	• Lleva a la humildad: "Yo soy considerado justo porque Cristo me da Su justicia".

"Volvió, pues, Jesús a decirles: De cierto, de cierto os digo: Yo soy la puerta de las ovejas. Todos los que antes de mí vinieron, ladrones son y salteadores; pero no los oyeron las ovejas. Yo soy la puerta; el que por mí entrare, será salvo; y entrará, y saldrá, y hallará pastos". **Juan 10:7-9**

"Todo aquel que niega al Hijo, tampoco tiene al Padre. El que confiesa al Hijo, tiene también al Padre". **1 Juan 2:23**

Si se acaba de dar cuenta que, en realidad no tiene una relación con Dios, ¿quisiera comenzar a relacionarse hoy con el Padre? Todo empieza por recibir a Jesús como su Señor y Salvador.

PREGUNTAS

1. ¿Qué es una religión?
2. ¿Qué significa tener una relación con Dios?
3. ¿Qué cree? ¿La mayoría de la gente tiene una relación con Dios o solo están siguiendo una religión?

ACTIVACIÓN

- El líder hará el llamado a la salvación.
- Luego, orará para que la gente entre en una relación más profunda con Dios.
- Finalmente, orará por las necesidades de la gente.

OFRENDA

"Bienaventurado el que tú escogieres y atrajeres a ti, para que habite en tus atrios; seremos saciados del bien de tu casa, de tu santo templo". **Salmos 65:4**

Es una bendición tener una relación con Dios en lugar de solo una religión. Cuando tenemos una relación cercana con el Padre, estamos realmente satisfechos. Dios quiere bendecir a Su pueblo, pero es nuestra responsabilidad acercarnos más a Él. Una de las maneras de hacer esto es dándole nuestros diezmos y ofrendas. Nuestro diezmo es una señal de obediencia a Su Palabra, y nuestra ofrenda es una señal de amor hacia Él.

LECCIÓN 6

Cómo tener relación con Dios

OBJETIVO

- Aprender a tener una relación con Dios

"Lo que hemos visto y oído, eso os anunciamos, para que también vosotros tengáis comunión con nosotros; y nuestra comunión verdaderamente es con el Padre, y con su Hijo Jesucristo". **1 Juan 1:3**

¿QUÉ SIGNIFICA TENER RELACIÓN CON DIOS?

Cuando dos personas entablan una relación, hablan de manera constante. Pasan más tiempo juntas y esa cantidad se vuelve tiempo de calidad. La relación crece y deja de ser superficial para convertirse en algo más profundo. Lo mismo sucede en nuestra relación con Dios. Comienza pasando tiempo juntos y comunicándonos con Él. Mucha gente se sorprende porque cree que la comunicación con Dios es de una sola vía, pero realmente es de doble vía. Nosotros le hablamos a Dios a través de la oración, y Él nos responde. El problema es que, a menudo, no ponemos atención o no tenemos la suficiente percepción espiritual para escucharlo. La buena noticia es que, si cultivamos esa relación, aprenderemos a escuchar Su voz.

Jesús, como hombre, siempre permaneció en contacto con Su Padre. Además, les enseñó a Sus discípulos a orar y les dejó una oración modelo: *"Padre nuestro que estás en los cielos, santificado sea tu nombre"* **(Mateo 6:9)**. Orar es hablar con Dios.

CLAVES PARA TENER UNA RELACIÓN CON DIOS

- **Dios nos invita a comunicarnos con Él.**

    Piénselo. Aquel que creó el universo desea comunicarse con usted como individuo. Dios quiere tener compañerismo con usted.

    "Fiel es Dios, por el cual fuisteis llamados a la comunión con su Hijo Jesucristo nuestro Señor". **1 Corintios 1:9**

- **Nuestra relación con Dios debe ser consistente.**

    Mucha gente en algún momento tuvo una relación con Dios, pero dejaron de tenerla. Esa relación debe ser continua, personal y presente. Dios espera que usted se acerque cada día más y que se comunique con Él.

    "Si permanecéis en mí, y mis palabras permanecen en vosotros, pedid todo lo que queréis, y os será hecho". **Juan 15:7**

La clave para tener oraciones contestadas es tener una relación continua con Dios.

- **Nuestra relación con Dios debe ser prioritaria.**

    Dios demanda ser primero, porque todo aquello que usted pone en primer lugar o prioriza es su dios. El Señor no acepta un premio de consolación o ser puesto en segundo lugar. Desafortunadamente, muchas veces, le damos a Dios los restos de nuestro día. ¿Qué tal si le damos a Él la primicia de cada jornada? Si lo hace, su vida cambiará radicalmente.

- **La relación con Dios comienza cuando recibimos a Jesús como Señor y Salvador.**

    La razón por la cual necesitamos a Jesús es que todos hemos pecado, y eso nos separa de Dios. El Señor es santo y justo. Por lo tanto, no puede pasar por alto el pecado en nuestra vida. La consecuencia del pecado es ser alejados eternamente de Dios, en el infierno. Jesús vino a la tierra, llevó nuestros pecados, y murió en nuestro lugar. Por eso, solo a través de Él nuestros pecados son perdonados, y podemos tener relación con Dios.

¿CÓMO PODEMOS ESTABLECER O REESTABLECER NUESTRA RELACIÓN CON DIOS?

1. Recibiendo a Jesús como nuestro Señor y Salvador.
2. Arrepintiéndonos de todo pecado e iniquidad.
3. Perdonando a otros.
4. Haciendo el compromiso de mantener nuestra relación con Él.

PREGUNTAS

1. ¿Qué significa tener una relación con Dios?
2. ¿Cómo desarrollar una relación con Dios?
3. ¿Cuáles son algunas claves para tener una mejor relación con Dios?
4. ¿Cómo es su relación con Dios?
5. ¿Está listo(a) para comenzar una relación con Dios a través de Jesucristo?

ACTIVACIÓN

- El líder hará el llamado a la salvación.
- Orará para que la gente desarrolle perseverancia en su relación con Dios.
- También orará para que se comprometan a buscar más a Dios.
- Finalmente, orará por las necesidades de la gente.

OFRENDA

"Tributad a Jehová, oh familias de los pueblos, dad a Jehová la gloria y el poder. Dad a Jehová la honra debida a su nombre; traed ofrendas, y venid a sus atrios". **Salmos 96:7-8**

Dios es digno de toda gloria y honra. Cuando vamos ante Su presencia, nuestra actitud debe ser de gratitud y acción de gracias. Cuando le damos nuestra ofrenda a Dios, le estamos dando la gloria que solo Él merece. Obedezcamos Su Palabra y démosle a Él la gloria por todo lo que hace en nuestra vida.

LECCIÓN 7

Los beneficios de tener una relación con Dios

OBJETIVO

- Aprender acerca de los beneficios de tener una relación con Dios

"Pero sin fe es imposible agradar a Dios; porque es necesario que el que se acerca a Dios crea que le hay, y que es galardonador de los que le buscan".
Hebreos 11:6

Dios quiere tener una relación con usted. La pregunta es: ¿Usted quiere tener una relación con Él? Así como no puede forzar a nadie a tener una relación con usted, Dios no puede forzarlo a usted a tener una relación con Él. Muchos piensan que pueden ir por la vida sin Dios, y luego ir al cielo a pasar la eternidad con Él. Así no funcionan las cosas. Su relación con Dios determina dónde pasará la eternidad.

LOS BENEFICIOS DE UNA RELACIÓN CON DIOS

Cuando usted tiene una relación con Dios, siempre habrá una recompensa; porque, tal como leímos al principio, Dios es galardonador de quienes lo buscan diligentemente. Por ejemplo, en Su presencia usted recibe paz, gozo, amor, sanidad, liberación, milagros, esperanza, fuerzas, consuelo, fe y mucho más. Todo lo que usted necesite, lo recibirá en la presencia de Dios.

Es más, su relación con Dios lo empodera a diario. Mientras sus amistades y otras compañías, como las redes sociales, pueden drenarlo, su relación con Dios solo lo empoderará para vivir una vida con propósito. Cuando nadie lo comprende, Dios lo entiende. Cuando nadie puede ayudarlo, Dios puede asistirlo. Cuando tiene una relación con Dios, es fácil dejar de mirar los problemas y poner la mente en las cosas de arriba.

"Si, pues, habéis resucitado con Cristo, buscad las cosas de arriba, donde está Cristo sentado a la diestra de Dios. Poned la mira en las cosas de arriba, no en las de la tierra". **Colosenses 3:1-2**

Su relación con Dios durará eternamente. Todo lo que podamos tener en este planeta se desvanecerá; sean riquezas, amistades y conexiones con gente importante. Solo hay algo que no desaparecerá: Dios. Por lo tanto, asegúrese de enfocarse en aquello que lo ayudará a continuar en las bendiciones de Dios.

"Mas buscad primeramente el reino de Dios y su justicia, y todas estas cosas os serán añadidas".
Mateo 6:33

Cuando Jesús dijo estas palabras, estaba hablando de aquella gente que vive sin Dios. Ellos pasan su tiempo preocupados por sus necesidades materiales: alimento, bebida y vivienda. Sin embargo, quienes hacen del reino de Dios su prioridad, no tienen que preocuparse por esas cosas, porque Dios sabe que las necesitan. Por esa razón, el mensaje de Jesús siempre fue: *"arrepentíos, y creed en el evangelio".* **Marcos 1:15**

Cuando nos arrepentimos de nuestros pecados y creemos en el evangelio, entramos en el reino de Dios. El evangelio es el mensaje de salvación que anuncia que Jesús murió por nuestros pecados y, al tercer día, el Espíritu de Dios lo levantó de entre los muertos. Quienes reciben a Jesús como su Señor y Salvador obtienen el perdón de sus pecados, son arrancados del poder de las tinieblas y llevados al reino de Dios.

"El cual nos ha librado de la potestad de las tinieblas, y trasladado al reino de su amado Hijo, en quien tenemos redención por su sangre, el perdón de pecados". **Colosenses 1:13-14**

La voluntad de Dios es que prosperemos en cada área de nuestra vida. La única manera de hallar la verdadera prosperidad es a través de una relación con Dios. Él no solo quiere tener relación con nosotros, sino que quiere bendecirnos; siempre y cuando nos acerquemos más a Él. Cuando demos nuestros diezmos y ofrendas esta noche, hagámoslo sabiendo que Dios quiere prosperarnos en todas las cosas.

PREGUNTAS

1. ¿Cuáles son los beneficios de tener una relación con Dios?
2. ¿En qué deberíamos poner nuestra mente?
3. ¿Qué es el evangelio?

ACTIVACIÓN

- El líder hará el llamado a la salvación.
- Luego, orará para que las personas busquen a Dios primero, y Él desate Su bendición sobre ellas.
- Finalmente, orará por las necesidades de la gente.

OFRENDA

"Amado, yo deseo que tú seas prosperado en todas las cosas, y que tengas salud, así como prospera tu alma". **3 Juan 1:2**

LECCIÓN 8

Compartiendo el amor de Dios

OBJETIVO

- Salir a evangelizar al perdido, mostrando el amor de Dios

"Porque de tal manera amó Dios al mundo, que ha dado a su Hijo unigénito, para que todo aquel que en él cree, no se pierda, más tenga vida eterna".
Juan 3:16

Dios ama al ser humano, y lo demostró al enviar a Su Hijo Unigénito, Jesús, a morir por nosotros. Ese amor rescata al ser humano, para que no se pierda en el infierno. Nosotros hemos experimentado ese amor, pero el mundo necesita que alguien vaya y se los lleve. En este día, presentemos nuestro cuerpo al Señor y salgamos a buscar al perdido. Nosotros tenemos el amor de Dios. Vamos a llevárselo al quebrantado de corazón.

ACTIVACIÓN

- Si hay algún visitante nuevo en la reunión, se hará el llamado a la salvación.
- Luego, el líder orará por el grupo para que tengan citas divinas de parte del Señor, y los enviará de dos en dos.
- Finalmente, el grupo orará por la salvación de las almas.

OFRENDAS

Dios entregó a Su Hijo como sacrificio por nosotros. No envió a un ángel, sino que envió lo más valioso que tenía. Él se involucró personalmente para que nosotros fuéramos salvos. Por eso, no podemos hacer menos que dar nuestras propias vidas por Él. Hoy, honremos a Dios trayéndole nuestros diezmos y ofrendas.

EVANGELISMO:

Al final de esta lección, por favor dedique tiempo para salir por el vecindario a ganar almas. Vaya con todos los miembros de su Casa de Paz.

Bienvenida y Anuncios	5 Minutos
Diezmos y Ofrendas	10 Minutos
Enseñanza	10 Minutos
Salida Evangelistica o Koinonia	1 Hora

LECCIÓN 9

¿Quién es la iglesia de Cristo?

OBJETIVO

- Conocer la verdadera iglesia, su posición y su asignación

"Para que la multiforme sabiduría de Dios sea ahora dada a conocer por medio de la iglesia a los principados y potestades en los lugares celestiales". **Efesios 3:10**

Hoy en día existen muchas religiones en el mundo. Pero nuestro Señor Jesús diseñó una sola iglesia, la cual es Su cuerpo y Su novia. Hoy conoceremos quién es la verdadera iglesia y cuál es su función en la tierra.

¿QUIÉN ES LA IGLESIA?

"Cristo es cabeza de la iglesia, la cual es su cuerpo, y él es su Salvador." **Efesios 5:23**

La iglesia es el conjunto de creyentes que han sido salvos, al recibir a Jesús como su Señor y Salvador. La iglesia es también la representante de Dios en la tierra y la que está legalmente autorizada para demostrar Su poder y establecer Su reino. La Biblia la describe como el cuerpo de Cristo, pero también como Su novia; por lo tanto, es la llamada a continuar la obra de Jesús en la tierra.

¿CUÁL ES EL FUNDAMENTO DE LA IGLESIA?

Un día Jesús les preguntó a Sus discípulos: *"…¿quién decís que yo soy?"* **(Mateo 16:15).** Ante esta pregunta Pedro respondió: *"Tú eres el Cristo, el Hijo del Dios viviente"* **(v.16)**. Entonces, Jesús le dijo: *"…sobre esta roca edificaré mi iglesia; y las puertas del Hades no prevalecerán contra ella"* **(v.18)**.

Jesucristo es la roca inconmovible y el fundamento absoluto de la iglesia. Él dijo que ni siquiera el infierno podría triunfar sobre Su iglesia, porque Él mismo la sostiene y le da vida.

¿CUÁL ES LA POSICIÓN DE LA IGLESIA?

"Y juntamente con él nos resucitó, y asimismo nos hizo sentar en los lugares celestiales con Cristo Jesús". **Efesios 2:6**

La iglesia está en lugares celestiales junto con Cristo. Esto quiere decir que la autoridad que tiene Cristo en el cielo es la misma que tiene la iglesia en la tierra. En otras palabras, aunque estamos físicamente en la tierra, espiritualmente tenemos la autoridad del cielo.

¿CUÁL ES LA AUTORIDAD DE LA IGLESIA?

"Por lo cual Dios también le exaltó hasta lo sumo, y le dio un nombre que es sobre todo nombre, para que en el nombre de Jesús se doble toda rodilla de los que están en los cielos, y en la tierra, y debajo de la tierra; y toda lengua confiese que Jesucristo es el Señor, para gloria de Dios Padre". **Filipenses 2:9-11**

El Señor Jesucristo tiene la autoridad absoluta sobre todo lo que existe en el cielo, en la tierra y debajo de la tierra. Esa misma autoridad es la que tiene la iglesia, para gobernar en todas las áreas de la vida. La victoria le está garantizada a través del sacrificio, muerte y resurrección de Jesucristo en la cruz del calvario.

¿CUÁL ES EL MANDATO PARA LA IGLESIA?

"Y les dijo: Id por todo el mundo y predicad el evangelio a toda criatura". **Marcos 16:15**

Nuestro Señor Jesús nos encomendó predicar el evangelio y hacer discípulos en todas las naciones. No es una opción, sino un mandamiento para todos los que lo hemos recibido como Señor. Esta obra no es solo para los evangelistas, sino para todos los hijos de Dios.

Ahora que sabe quién es la iglesia de Jesucristo, y que Jesús nos mandó a ganar almas y a hacer discípulos, ¿está dispuesto a ser parte de esta iglesia gloriosa?

PREGUNTAS

1. ¿Quién es la iglesia de Cristo?
2. ¿Cuál es el fundamento de la iglesia?
3. ¿Cuál es la posición de la iglesia?
4. ¿Cuál es la autoridad de la iglesia?

ACTIVACIÓN

- El líder orará para que la iglesia tome su lugar y la autoridad que se le ha dado, y vaya y predique el evangelio de Jesucristo.
- Luego, hará el llamado a la salvación.
- Finalmente, orará por las necesidades de las personas.

OFRENDA:

"En todo os he enseñado que, trabajando así, se debe ayudar a los necesitados, y recordar las palabras del Señor Jesús, que dijo: Más bienaventurado es dar que recibir". **Hechos 20:35**

Como iglesia local, debemos estar unidos para apoyar la obra del ministerio y el cumplimiento del propósito de la iglesia en la tierra. Una de las formas de hacerlo es a través de nuestros diezmos y ofrendas. Cuando sembramos en el reino de Dios, estamos sembrando en tierra fértil. Hoy, debemos diezmar y ofrendar, sabiendo que Jesús dijo que es más bienaventurado para nosotros dar que recibir.

LECCIÓN 10

La importancia del compañerismo

OBJETIVO

- Aprender a tener compañerismo cuando nos congregamos

"Porque de la manera que en un cuerpo tenemos muchos miembros, pero no todos los miembros tienen la misma función, así nosotros, siendo muchos, somos un cuerpo en Cristo, y todos miembros los unos de los otros". **Romanos 12:4-5**

El diseño original de Dios es que todos formemos parte de Su cuerpo (la iglesia), que estemos relacionados entre nosotros mismos, y que podamos manifestar el amor y la unidad de Cristo en nuestro diario vivir.

¿QUÉ ES EL COMPAÑERISMO?

El compañerismo es un sentido de unidad que surge entre los integrantes de un grupo o una comunidad. Se fundamenta en valores como la bondad, la solidaridad, el respeto y la confianza; también en sentimientos de amistad y empatía. Es el vínculo que se establece a partir de las relaciones afectivas entre hermanos, sin importar las diferencias de razas o colores. Donde hay compañerismo, Cristo es el centro de todo.

¿QUÉ SUCEDE CUANDO TENEMOS COMPAÑERISMO?

Cuando tenemos compañerismo con otros creyentes, experimentamos la gracia y el favor de Dios en medio nuestro, tal como ocurre cuando oramos y adoramos al Señor.

- **Oramos los unos por los otros**

"Otra vez os digo, que si dos de vosotros se pusieren de acuerdo en la tierra acerca de cualquiera cosa que pidieren, les será hecho por mi Padre que está en los cielos. Porque donde están dos o tres congregados en mi nombre, allí estoy yo en medio de ellos". **Mateo 18:19-20**

El compañerismo en la oración nos da la oportunidad de ponernos a cuenta entre hermanos y de orar los unos por los otros. El Señor obra Su voluntad, la cual es buena, agradable y perfecta. Cada vez que oramos juntos, el Señor está en medio de nosotros confirmando Su Palabra, porque así lo prometió.

- **Dios desata bendición**

"¡Mirad cuán bueno y delicioso es habitar los hermanos juntos en armonía! [...] Porque allí envía Jehová bendición, y vida eterna". **Salmos 133:1,3**

Cuando nos reunimos y estamos juntos como iglesia de Cristo, el Señor desata Su bendición sobre nosotros de manera corporativa, trayendo unidad y armonía. También, es buen momento para testificar de la bondad de Dios hacia cada uno de nosotros.

- **Podemos compartir las buenas nuevas**

"Y perseverando unánimes cada día en el templo, y partiendo el pan en las casas, comían juntos con alegría y sencillez de corazón, alabando a Dios, y teniendo favor con todo el pueblo. Y el Señor añadía cada día a la iglesia los que habían de ser salvos". **Hechos 2:46-47**

En momentos como estos, donde estamos reunidos estudiando la palabra de Dios y compartiendo, es donde las personas que no han recibido las buenas noticias del evangelio las pueden escuchar. Las buenas noticias son que Jesús murió por nuestros pecados en la cruz, pero, al tercer día el Espíritu Santo lo resucitó de entre los muertos. Gracias a eso, todo aquel que se arrepiente de sus pecados y recibe a Jesús en su corazón, se vuelve parte de Su iglesia. Usted, ¿ha recibido a Jesús como su Salvador? Si no, éste es el mejor momento para hacerlo.

PREGUNTAS

1. ¿Qué es el compañerismo?
2. ¿Qué sucede cuando tenemos compañerismo?

ACTIVACIÓN

- El líder hará el llamado a la salvación.
- Guiará a la gente a renunciar a todo espíritu de división o contienda, y llevará al grupo a orar por la unidad en Cristo.
- Después, orará por las necesidades de las personas.
- Finalmente, exhortará a los presentes a traer una persona nueva la siguiente semana.

OFRENDA

"Todos los que habían creído estaban juntos, y tenían en común todas las cosas; y vendían sus propiedades y sus bienes, y lo repartían a todos según la necesidad de cada uno". **Hechos 2:44-45**

Cuando estamos en verdadera comunión con nuestros hermanos(as) en Cristo, nos apoyamos los unos a los otros. Al sembrar, debemos recordar que nuestra semilla se usará para avanzar el reino de Dios, y ayudar a recoger la gran cosecha de almas de los últimos tiempos. Al sembrar estamos apoyando a los futuros miembros del cuerpo de Cristo y haciendo compañerismo con ellos.

LECCIÓN 11

¿Para qué nos congregamos como iglesia?

OBJETIVO

- Aprender que Dios trae crecimiento espiritual cuando nos congregamos

---

"Y él mismo constituyó a unos, apóstoles; a otros, profetas; a otros, evangelistas; a otros, pastores y maestros, a fin de perfeccionar a los santos para la obra del ministerio, para la edificación del cuerpo de Cristo". **Efesios 4:11-12**

Hay personas que piensan que no necesitan ir a la iglesia, y que pueden tener una relación con Dios por su cuenta. El que hace eso pierde los beneficios de congregarse y puede terminar perjudicado y engañado.

¿CUÁLES SON LOS BENEFICIOS DE CONGREGARNOS?

- **Crecemos y maduramos**

Después de ser salvos, cada cristiano comienza un proceso de crecimiento espiritual, cuyo final es llevarlo a la madurez. Un cristiano inmaduro tiene una mentalidad mundana, contraria a Dios. El Señor necesita que maduremos para que seamos capaces de llevar adelante la obra del ministerio. Para ello, Dios dio dones a la iglesia. Además, *"Él mismo constituyó a unos, apóstoles; a otros, profetas; a otros, evangelistas; a otros, pastores y maestros"* **(Efesios 4:11)**. Estos ministerios nos enseñan y guían a través del proceso que nos llevará a ser cada vez más conforme a la imagen de Cristo. El cristiano que no se congrega, nunca llegará a esa madurez.

- **Somos instruidos en la Palabra**

"Toda la Escritura es inspirada por Dios, y útil para enseñar, para redargüir, para corregir, para instruir en justicia". **2 Timoteo 3:16**

Aunque la Biblia fue escrita por hombres, fue inspirada por el Espíritu Santo de Dios. Tener conocimiento de la Palabra de Dios es conocer Su voluntad escrita. Cuando no conocemos la Palabra, el enemigo fácilmente trae confusión y engaño con el fin de desenfocarnos, robarnos la bendición y separarnos de Dios. Por eso, es necesario que cada cristiano conozca la Palabra. Es en la iglesia donde se nos instruye en la Palabra del Señor. Si no nos congregamos, estamos en peligro de caer en los engaños de Satanás.

- **Otros alcanzan la salvación**

"Os digo que así habrá más gozo en el cielo por un pecador que se arrepiente…". **Lucas 15:7**

Ganar almas para el reino es la gran comisión que Cristo dejó a Sus seguidores. Dios ama las almas y no quiere que nadie se pierda. Sin embargo, la realidad es que muchas personas mueren sin conocer a Jesús y van al infierno, porque nadie les predica. Si nos congregamos, la iglesia se convierte en el lugar donde podemos llevar a las personas de nuestro círculo social para que escuchen el evangelio y sean salvas. Por el contrario, si no nos congregamos, no tenemos a dónde llevar a esas personas a conocer y experimentar a Dios.

¿QUÉ OCURRE CUANDO DEJAMOS DE CONGREGARNOS?

- **Nos enfriamos espiritualmente**

Cuando nos apartamos de la casa de Dios, volvemos a actuar como antes, de manera carnal. El que mentía vuelve a la mentira, el adúltero vuelve al adulterio, el ladrón vuelve a robar, etc. Una persona que se aparta de Cristo pierde el temor de Dios y vuelve a pecar fácilmente.

- **El enemigo toma ventaja**

"Para que Satanás no gane ventaja alguna sobre nosotros; pues no ignoramos sus maquinaciones".
2 Corintios 2:11

Una de las maquinaciones del diablo es hacer que las personas se aparten de Dios. Empiezan por dejar de asistir a la Casa de Paz, dejan de congregarse en la iglesia, abandonan el estudio de la Palabra y dejan de orar. De esa manera, vuelven a perder el territorio que antes le habían quitado a satanás, y él lo vuelve a ocupar con pecado y opresión. Por ejemplo, la pandemia de la COVID-19 fue la excusa perfecta que muchos usaron para alejarse de la casa de Dios, y dejar de congregarse. Tres años más tarde, todavía hay gente que no ha regresado a la iglesia.

Si usted viene a la Casa de Paz, pero aún no se congrega en la iglesia, hoy es el día de tomar la decisión de volver a sumarse a la familia de Dios, empezando a congregarse.

PREGUNTAS

1. ¿Cuáles son algunos beneficios de congregarse?
2. ¿Qué ocurre cuando dejamos de congregarnos?

ACTIVACIÓN

- El líder hará el llamado a la salvación.

- Luego, hará una oración de arrepentimiento, por si alguno había dejado de congregarse, y llevará al grupo a hacer el compromiso de congregarse continuamente sin desmayar.

- Finalmente, orará por las necesidades de las personas, y exhortará a los asistentes a traer una persona nueva la siguiente semana.

OFRENDA

"No os engañéis; Dios no puede ser burlado: pues todo lo que el hombre sembrare, eso también segará".
Gálatas 6:7

Si queremos que nuestra relación con Dios crezca, debemos reunirnos continuamente en Su casa. Allí alcanzaremos madurez espiritual. El compromiso de congregarnos es una semilla que hay que sembrar y regar de continuo porque, al hacerlo, cosecharemos las bendiciones de Dios en nuestra vida. Asimismo, al sembrar nuestros diezmos y ofrendas, cosecharemos la perfecta voluntad de Dios para nosotros.

LECCIÓN 12

Nos congregamos para servir a una visión

OBJETIVOS

- Entender la importancia de servir en una visión
- Conocer los beneficios de servir en una visión

"Entonces Moisés, mirando, se maravilló de la visión; y acercándose para observar, vino a él la voz del Señor". **Hechos 7:31**

Desde el principio Dios ha establecido Su propósito eterno de tener una relación personal con el ser humano. Él nos ha hecho partícipes de Su naturaleza divina, para que llevemos Su visión y hagamos Su voluntad en esta tierra. Hoy, Dios está buscando hombres y mujeres que quieran comprometerse con Su visión y Su servicio.

¿CUÁL ES LA VISIÓN DE DIOS PARA LA HUMANIDAD?

"Porque no envió Dios a su Hijo al mundo para condenar al mundo, sino para que el mundo sea salvo por él". **Juan 3:17**

La visión de Dios es salvar al mayor número de almas posible. Muchos se preguntan: ¿Salvarlas de qué? Dios quiere salvar a hombres y mujeres de pasar una eternidad en el infierno, apartados de Él y de Su reino. Sabemos que el pecado nos separa del Señor; pero la buena noticia es que Jesús, el hijo de Dios, vino a la tierra a morir por nuestros pecados y reconciliarnos con el Padre. Si usted se arrepiente de sus pecados y recibe a Jesús como Señor y Salvador, ¡puede ser salvo!

¿CUÁL ES LA VISIÓN DE DIOS PARA LA IGLESIA?

La visión de Dios para Su iglesia, el cuerpo de Cristo en la tierra, es que ésta predique el evangelio a todas las personas y que haga discípulos en todas las naciones. Si la iglesia hace esto, se podrá salvar al mayor número de almas.

"Por tanto, id, y haced discípulos a todas las naciones, bautizándolos en el nombre del Padre, y del Hijo, y del Espíritu Santo". **Mateo 28:19**

¿QUÉ PASA CUANDO PONEMOS LA VISIÓN DE DIOS EN PRIMER LUGAR?

"Mas buscad primeramente el reino de Dios y su justicia, y todas estas cosas os serán añadidas". **Mateo 6:33**

La mayoría de las personas se enfocan en su necesidad y solo buscan su propia conveniencia; por eso vemos cristianos derrotados, desanimados y a punto de tirar la toalla. Se han olvidado que Dios es fiel y verdadero. Él dijo que todas nuestras necesidades familiares, financieras o cualquiera otra que tengamos, serán suplidas, si ponemos Su visión en primer lugar.

¿POR QUÉ ES IMPORTANTE SERVIR EN LA VISIÓN?

"Si alguno me sirve, sígame; y donde yo estuviere, allí también estará mi servidor. Si alguno me sirviere, mi Padre le honrará". **Juan 12:26**

Todo servicio que hacemos de corazón para nuestro Señor Jesucristo tiene valor. Nunca es en vano, porque le lleva honra al Padre y nos posiciona para recibir Sus bendiciones. Por eso, hoy, es tiempo de comprometernos a servir al Rey de reyes y Señor de señores, porque a su tiempo cosecharemos abundantemente.

LA VISIÓN PERSONAL Y LA VISIÓN DE LA IGLESIA

Dios nos ha dado a todos una visión personal, que es nuestro llamado o propósito en la tierra. Sin embargo, ese propósito personal está conectado con la visión de Dios para la iglesia donde Él nos ha establecido. Cuando usted sirve, apoya y crece en la visión de una iglesia, se está preparando para cumplir la visión o propósito personal que Dios le ha dado. De hecho, su visión personal siempre estará conectada con la visión de Dios para la iglesia.

En conclusión, hemos visto que Dios quiere que todos seamos salvos y que nos congreguemos en una iglesia donde podamos servir a una visión y extender Su reino. Solo así recibiremos todas las bendiciones de Dios. Pero, primero, debemos tener a Jesús en nuestro corazón. Por cierto, ¿ha recibido usted a Jesús como su Señor y Salvador? Si no, este es el mejor momento para recibirlo.

PREGUNTAS

1. ¿Cuál es la visión de Dios para la humanidad?
2. ¿Cuál es la visión de Dios para la iglesia?
3. ¿Qué pasa cuando ponemos primero la visión de Dios?
4. ¿Por qué es importante servir a la visión de una iglesia?

ACTIVACIÓN

- El líder hará el llamado a la salvación.
- Guiará al grupo en oración a comprometerse a servir a Dios en la visión de la casa.
- Orará por las necesidades de las personas.
- Finalmente, exhortará al grupo a traer una persona nueva la siguiente semana.

OFRENDA

"Y perseverando unánimes cada día en el templo, y partiendo el pan en las casas, comían juntos con alegría y sencillez de corazón". **Hechos 2:46**

La visión de Dios es ganar almas y expandir Su reino aquí en la tierra. Esta es también la visión de nuestro Ministerio, la cual solo se puede lograr cuando estamos unidos y comprometidos. A medida que nos comprometamos a sembrar en el reino de Dios, tal como lo hacía la iglesia primitiva que relata el libro de los Hechos, veremos al Señor agregar nuevos miembros a nuestra congregación. Esta noche demos nuestros diezmos y ofrendas con la revelación de que estamos sembrando para la salvación de multitud de almas.

LECCIÓN 13

Unidos en Cristo

OBJETIVO

- Conocer los beneficios de la unidad entre hermanos

"Y la multitud de los que habían creído era de un corazón y un alma; y ninguno decía ser suyo propio nada de lo que poseía, sino que tenían todas las cosas en común. Y con gran poder los apóstoles daban testimonio de la resurrección del Señor Jesús, y abundante gracia era sobre todos ellos".
Hechos 4:32-33

Una de las características de la iglesia primitiva era la unidad. La Escritura dice que eran de *"un corazón y un alma"*. Además, los primeros cristianos manifestaban esa unidad compartiendo sus bienes, por voluntad propia y de todo corazón. La unidad trae grandes beneficios a los hermanos.

ALGUNOS BENEFICIOS DE PERMANECER UNIDOS

1. Dios desata abundante gracia

Cuando andamos en unidad —en un solo corazón y un alma— podemos compartir nuestras necesidades para acompañarnos y ayudarnos los unos a los otros, en oración y en todo lo que haga falta.

2. Dios desata Su poder con señales, maravillas y prodigios

Los milagros dan testimonio de la resurrección del Señor Jesús y de Su presencia en la unidad de Su pueblo.

Dios quiere que seamos una comunidad y nos ayudemos los unos a los otros, por eso derrama Su gracia y favor entre aquellos que permanecen en unidad. Hoy, los invito a que pasemos tiempo en comunión, orando unos por otros y compartiendo juntos (tiempo, alimentos, etcétera).

PREGUNTAS

1. ¿Cuál fue una característica importante de la iglesia primitiva?
2. ¿Cuáles son los beneficios de estar unidos?

ACTIVACIÓN

- El líder hará el llamado a la salvación para quienes llegaron por primera vez.
- Orará por las necesidades de las personas.
- En esta ocasión, usará el tiempo restante para compartir con los asistentes, como familia en Cristo.
- Exhortará a los integrantes del grupo a que traigan una persona nueva la próxima semana.

OFRENDA

"Nadie tiene mayor amor que este, que uno ponga su vida por sus amigos". **Juan 15:13**

La unidad, a menudo, requiere que nos sacrifiquemos para suplir las necesidades de otros. El nivel más alto de sacrificio es dar la vida por los demás. Ese fue el sacrificio que hizo Jesús. Hoy, los invito a honrar el sacrificio de nuestro Señor Jesucristo, trayendo nuestros diezmos y ofrendas para que el evangelio sea anunciado por toda la tierra.

KOINONÍA:
Al final de esta lección, por favor tenga un tiempo de compañerismo con todos los miembros de su Casa de Paz. Por ejemplo: compartan un café o hagan una actividad para romper el hielo, etc.

LECCIÓN 14

Jesús es el Hijo de Dios

OBJETIVO

- Aprender que Jesús es el Hijo de Dios

Respondiendo el ángel le dijo: El Espíritu Santo vendrá sobre ti, y el poder del Altísimo te cubrirá con Su sombra; por lo cual también el Santo Ser que nacerá, será llamado Hijo de Dios". **Lucas 1:35**

La gente tiene muchos conceptos y opiniones acerca de quién es Jesús. Algunos solo le conocen como el hijo de José (el carpintero) y de María. Unos saben que predicaba y hacía milagros. Otros dirán que era profeta o maestro. Si le preguntaran a usted "¿quién es Jesús?", ¿cuál sería su respuesta?

¿QUIÉN ES JESÚS?

"Viniendo Jesús a la región de Cesarea de Filipo, preguntó a sus discípulos, diciendo: ¿Quién dicen los hombres que es el Hijo del Hombre? Ellos dijeron: Unos, Juan el Bautista; otros, Elías; y otros, Jeremías, o alguno de los profetas". **Mateo 16:13-14**

Al recibir todas esas respuestas, Jesús quiso saber lo que Sus discípulos creían de Él; si le conocían como el Hijo de Dios.

"Él les dijo: Y vosotros, ¿quién decís que soy yo? Respondiendo Simón Pedro, dijo: Tú eres el Cristo, el Hijo del Dios viviente. Entonces le respondió Jesús: Bienaventurado eres, Simón, hijo de Jonás, porque no te lo reveló carne ni sangre, sino mi Padre que está en los cielos". **Mateo 16:15-17**

¿CUÁLES SON LAS EVIDENCIAS DE QUE JESÚS ES EL HIJO DE DIOS?

- **Fue profetizado mucho antes de Su nacimiento**

Los profetas hablaron de la concepción, nacimiento, vida y muerte de Jesús, Su relación con el Padre celestial y Su propósito. Todo se cumplió en Jesús.

"Por tanto, el Señor mismo os dará señal: He aquí que la virgen concebirá, y dará a luz un hijo, y llamará su nombre Emanuel". **Isaías 7:14**

- **Jesús manifestaba en Sí mismo los atributos del Padre**

Jesús manifestaba la gloria y las virtudes del Padre, como: amor, misericordia, justicia, fidelidad, santidad y mucho más. ¡Él tenía la naturaleza del Padre!

"Y aquel Verbo fue hecho carne, y habitó entre nosotros (y vimos su gloria, gloria como del unigénito del Padre), lleno de gracia y de verdad". **Juan 1:14**

- **El Padre celestial lo afirmó y confirmó**

Dios mismo afirmó que Jesús era Su hijo. Jesús siempre se refirió a Dios como Su Padre, y lo demostró a través de Su relación con confianza y obediencia absolutas a Dios el Padre.

"Y descendió el Espíritu Santo sobre él en forma corporal, como paloma, y vino una voz del cielo que decía: Tú eres mi Hijo amado; en ti tengo complacencia". **Lucas 3:22**

JESÚS ES EL HIJO DE DIOS

Jesús es diferente a todo ser humano. Incluso es diferente a cualquier líder de otra religión que se haya conocido en la tierra. Todos los seres humanos hemos pecado. Sin embargo, Jesús, al ser el Hijo de Dios, tiene la misma naturaleza del Padre, y el Padre no peca. Por lo tanto, Cristo fue el único que pudo calificar para cargar con todos nuestros pecados, pagar por ellos y ofrecernos la vida eterna.

Jesús entregó Su vida, voluntariamente, en la cruz, para que podamos ser perdonados. La condición para que ese sacrificio sea efectivo en usted, es que lo reciba, se arrepienta de su pecado y entre en un pacto nuevo con Dios. ¿Está listo para recibir a Jesús y Su regalo de salvación?

PREGUNTAS

- ¿Quién es Jesús para usted?
- ¿Cuáles son las evidencias de que Jesús es el Hijo de Dios?
- ¿Por qué es importante saber que Jesús es el Hijo de Dios?

ACTIVACIÓN

- El líder hará el llamado de salvación.
- Guiará a la gente en oración, pidiendo al Espíritu Santo que les de la revelación de que Jesús es el Hijo de Dios.
- Los guiará a comprometerse a tener una relación personal y continua con Dios.
- Finalmente, el líder orará por las necesidades de las personas.

OFRENDA

"Y aquí ciertamente reciben los diezmos hombres mortales; pero allí [Jesús], uno de quien se da testimonio de que vive". **Hebreos 7:8 (Énfasis del autor)**

Cuando Jesús terminó Su obra en la tierra, ascendió al cielo y comenzó a ejercer Su función como nuestro Sumo Sacerdote ante el Padre. En el Antiguo Testamento los sacerdotes recibían los diezmos del pueblo. El Nuevo Testamento nos enseña que, en la tierra los reciben seres humanos; sin embargo, en el mundo espiritual, es Jesús quien los recibe y los presenta al Padre. Traigamos nuestros diezmos y ofrendas para que Jesús presente nuestro sacrificio al Padre.

LECCIÓN 15

Jesús es nuestro Salvador

OBJETIVO

- Conocer la necesidad y el poder de la obra de Jesús como nuestro Salvador

"Porque el Hijo del Hombre vino a buscar y a salvar lo que se había perdido". **Lucas 19:10**

EL ESTADO DE LA HUMANIDAD

Desde el primer hombre, Adán, hasta hoy, todo ser humano ha vivido una vida de pecado; incluso, aquellos que llamamos "buenos". Recordemos que el pecado es hacer lo contrario a la voluntad o el carácter de Dios. El pecado ha sido destructivo para el ser humano como individuo, para la raza humana colectivamente y aún para el planeta tierra. El juicio de Dios en contra del pecado es la muerte eterna.

"Porque la paga del pecado es muerte, mas la dádiva de Dios es vida eterna en Cristo Jesús Señor nuestro". **Romanos 6:23**

- Todos estábamos condenados a vivir separados de la presencia de Dios.
- Vivíamos bajo maldición; es decir, en enfermedad, muerte, escasez, pobreza, dolor, depresión, rechazo, soledad, etcétera.
- Y estábamos condenados a pasar la eternidad en el infierno, perdidos para siempre.

Por esa razón, la humanidad ha vivido bajo condenación, maldición, guerras, desastres naturales, y en necesidad de un salvador. ¡Pero ya Dios proveyó esa salvación!

¿CUÁL FUE LA OBRA DE JESÚS?

"Ciertamente llevó él nuestras enfermedades, y sufrió nuestros dolores; y nosotros le tuvimos por azotado, por herido de Dios y abatido. Mas él herido fue por nuestras rebeliones, molido por nuestros pecados; el castigo de nuestra paz fue sobre él, y por su llaga fuimos nosotros curados". **Isaías 53:4-5**

Jesús, siendo Dios, se hizo hombre; tomó nuestro lugar de castigo en la cruz; fue crucificado, y con Su sangre pagó el precio de todos nuestros pecados; la deuda fue pagada por completo. Así, borró la maldición que estaba sobre nuestra vida y nos dio Su bendición. Al tercer día resucitó de entre los muertos para darnos vida eterna y reconciliarnos con el Padre. Por eso le llamamos nuestro Salvador.

¿QUÉ TENGO QUE HACER PARA SER SALVO?

Aunque Jesús pagó por todos los pecados de la humanidad, no todos son salvos. La salvación no es automática. Depende de una decisión personal. Tenemos que creer en el sacrificio de Jesús, recibirlo como nuestro Señor y Salvador, y obedecerle. En cierta ocasión, un carcelero que tenía al apóstol

Pablo en prisión, después de ver cómo Dios lo había liberado sobrenaturalmente, preguntó:

"¿Qué debo hacer para ser salvo? Ellos dijeron: Cree en el Señor Jesucristo, y serás salvo, tú y tu casa. Y le hablaron la palabra del Señor a él y a todos los que estaban en su casa. Y él, tomándolos en aquella misma hora de la noche, les lavó las heridas; y en seguida se bautizó él con todos los suyos".
Hechos 16:30-33

Esto es lo mismo que nosotros tenemos que hacer: Recibir al Señor, convertirnos en Sus discípulos, y vivir conforme a Sus enseñanzas.

"Si confesares con tu boca que Jesús es el Señor, y creyeres en tu corazón que Dios le levantó de los muertos, serás salvo". **Romanos 10:9**

La salvación no es automática. Hoy podemos apropiarnos de la obra salvadora de Jesús y recibirlo como nuestro Señor y salvador. Para eso necesitamos:

- Reconocer que somos pecadores y que el pecado nos separa de Dios.
- Confesar nuestros pecados y arrepentirnos.
- Saber que solo Jesús, el Hijo de Dios, tiene poder para perdonar nuestros pecados, darnos vida eterna y reconciliarnos con el Padre.
- Aceptarlo como nuestro único Salvador y entregarle nuestra vida.
- Confesarlo con nuestra boca.
- Obedecer Sus mandamientos.

PREGUNTAS

- ¿Cuál es el estado actual de la humanidad?
- ¿Cuál fue la obra de Jesús?
- Si Jesús pagó por todo pecado, ¿todo el mundo es salvo?
- ¿Qué tengo que hacer para ser salvo?

ACTIVACIÓN

- El líder hará el llamado a la salvación.
- Declarará sobre el grupo que toda maldición fue rota en la cruz, y que las bendiciones de la cruz vienen sobre cada uno.
- Finalmente, orará por las necesidades de la gente.

OFRENDA

"Vosotros también, como piedras vivas, sed edificados como casa espiritual y sacerdocio santo, para ofrecer sacrificios espirituales aceptables a Dios por medio de Jesucristo". **1 Pedro 2:5**

Jesús, nuestro Sumo Sacerdote, fue quien perdonó nuestros pecados y nos reconcilió con el Padre, haciéndonos también sacerdotes para Dios. Es decir, nosotros podemos acercarnos a Él para ofrecerle nuestros sacrificios y recibir Sus bendiciones. Ahora que hemos sido perdonados y restaurados a través de Jesús, nuestros diezmos y ofrendas son sacrificios agradables para Dios y subirán como perfume delante de Él.

LECCIÓN 16

La resurrección de Jesús

OBJETIVOS

- Aprender acerca de la resurrección de Jesús
- Conocer la necesidad y el poder de la obra de Jesús como salvador de nuestras vidas.

"Y hallaron removida la piedra del sepulcro; y entrando, no hallaron el cuerpo del Señor Jesús. Aconteció que estando ellas perplejas por esto, he aquí se pararon junto a ellas dos varones con vestiduras resplandecientes; y como tuvieron temor, y bajaron el rostro a tierra, les dijeron: ¿Por qué buscáis entre los muertos al que vive? No está aquí, sino que ha resucitado. Acordaos de lo que os habló, cuando aún estaba en Galilea, diciendo: Es necesario que el Hijo del Hombre sea entregado en manos de hombres pecadores, y que sea crucificado, y resucite al tercer día".
Lucas 24:2-7

Desde la muerte de Adán hasta el día en que Jesús resucitó, hace más de dos mil años, la muerte tenía un récord perfecto. Todo ser humano moría y ninguno volvía de entre los muertos. Pero hubo Uno que desafió la muerte y la venció; que no solo murió, sino que tres días después resucitó para vivir eternamente. Ese fue el día de la resurrección de Jesucristo.

"Cuando le vi [a Jesús resucitado], caí como muerto a sus pies. Y él puso su diestra sobre mí, diciéndome: No temas; yo soy el primero y el último; y el que vivo, y estuve muerto; mas he aquí que vivo por los siglos de los siglos, amén. Y tengo las llaves de la muerte y del Hades". **Apocalipsis 1:17-18**

Las llaves representan autoridad. Es la habilidad de abrir y cerrar, es el control de entrada y salida. No se trata solo del hecho de que Jesús resucitara, sino que, al triunfar, ahora tiene autoridad sobre la muerte.

"Le dijo Jesús: Yo soy la resurrección y la vida; el que cree en mí, aunque esté muerto, vivirá. Y todo aquel que vive y cree en mí, no morirá eternamente".
Juan 11:25-26

Palabras como éstas deben haber parecido una locura, a menos que quien lo dijera hiciese algo extraordinario, como resucitar de entre los muertos. ¡Y Jesús lo cumplió! Entonces, cuando Jesús promete que todos los que lo reciben tendrán vida eterna, podemos creerle. Aunque hayamos muerto, habrá un momento en que resucitaremos para reinar con Él. Esto lo comprobó al resucitar Él mismo de entre los muertos.

"No os maravilléis de esto; porque vendrá hora cuando todos los que están en los sepulcros oirán su voz; y los que hicieron lo bueno, saldrán a resurrección de vida; mas los que hicieron lo malo, a resurrección de condenación". **Juan 5:28-29**

TESTIGOS DEL CRISTO RESUCITADO

El apóstol Pablo nos habla de los testigos de la resurrección de Cristo. Podemos ver que después de Su resurrección, Jesús se les apareció a muchas personas, en varios lugares, en diferentes momentos. Incluso, en una ocasión, hasta compartió una comida con Sus discípulos. Por lo tanto, podemos ver que no fue alucinación ni imaginación de las personas.

"Y que [Jesús] fue sepultado, y que resucitó al tercer día, conforme a las Escrituras; y que apareció a Cefas, y después a los doce. Después apareció a más de quinientos hermanos a la vez, de los cuales muchos viven aún, y otros ya duermen. Después apareció a Jacobo; después a todos los apóstoles; y al último de todos, como a un abortivo, me apareció a mí [Pablo]".
1 Corintios 15:4-8 (Énfasis del autor)

TESTIGOS MODERNOS DEL CRISTO RESUCITADO

Hoy en día hay personas que testifican que Jesús se les ha aparecido de manera visible. Pero, aunque Cristo no se nos haya aparecido a nosotros personalmente, podemos testificar que está vivo, porque hemos experimentado Su poder. Si Jesús no hubiese resucitado, no habrían salvaciones, sanidades, milagros ni liberaciones. Sin embargo, nosotros vemos todas las semanas a Dios hacer estas cosas, tanto en los servicios de la iglesia como en las Casas de Paz.

Cristo ha resucitado de los muertos y es el Señor de todo. Usted, ¿le ha entregado su vida al Señor y Salvador?

PREGUNTAS

- Cuando las mujeres y los discípulos fueron a la tumba de Jesús, ¿cómo la encontraron?
- ¿A cuántas personas se les apareció Jesús, después de Su resurrección?
- ¿Es usted un testigo moderno del Cristo resucitado? ¿Qué ha hecho Él por usted?

ACTIVACIÓN

- El líder hará el llamado a la salvación.
- Luego, orará por los enfermos, declarando el poder de la resurrección sobre ellos.
- Finalmente, orarán por cualquier otra necesidad del pueblo.

OFRENDA

"Mas ahora Cristo ha resucitado de los muertos; primicias de los que durmieron es hecho".
1 Corintios 15:20

Jesús fue el sacrificio de Dios para salvarnos a nosotros. En Su resurrección, se convirtió en la primicia de los que han muerto; ya que, en un futuro, todos seremos resucitados con un cuerpo como el de Él. Una primicia es lo primero y viene a ser lo más importante. Por eso, Dios nos pide que nosotros también le entreguemos las primicias de nuestros ingresos. Esto es un sacrificio de nuestra parte para Dios. Cuando usted separa lo primero de sus ingresos para Él, como diezmo u ofrenda, esa acción santifica el resto de sus ingresos. Traigamos hoy nuestros diezmos y ofrendas al Señor.

LECCIÓN 17

Pasión por las almas

OBJETIVO

- Desarrollar pasión por las almas y salir a evangelizar

"[Jesús] verá el fruto de la aflicción de su alma, y quedará satisfecho". **Isaías 53:11** (Énfasis del autor)

Cuando hablamos de la pasión de Cristo, pensamos en Su sufrimiento y muerte en la cruz; pero la pasión de Cristo, también, tiene que ver con lo que le apasionaba; con aquello que lo empujó a ir a la cruz. La Biblia nos muestra el porqué de la aflicción de Cristo:

"El cual por el gozo puesto delante de él sufrió la cruz, menospreciando el oprobio, y se sentó a la diestra del trono de Dios". **Hebreos 12:2**

Jesús vio con anticipación que el fruto de Su aflicción era el gozo de millares de almas siendo salvas. Por eso soportó el sufrimiento de la cruz. Nosotros debemos tener la misma pasión que tuvo Cristo. En este día, vamos a recoger la cosecha, el fruto por el cual Cristo pagó con Su vida.

ACTIVACIÓN

- El líder hará el llamado a la salvación.
- Luego, orará por citas divinas, protección y denuedo para evangelizar.
- El grupo orará para que muchas personas sean salvan mientras evangelizan.
- Finalmente, el líder exhortará al grupo a que traigan una persona nueva la siguiente semana.

OFRENDA

"Di a los hijos de Israel que tomen para mí ofrenda; de todo varón que la diere de su voluntad, de corazón, tomaréis mi ofrenda". **Éxodo 25:2**

En el Antiguo Testamento, solo el pueblo de Israel traía ofrendas a Dios. Ahora, en el Nuevo Testamento, nosotros venimos a ser parte del pueblo de Dios. En agradecimiento, no solo nos entregamos en cuerpo y alma a Él, sino que también podemos darle nuestros diezmos y ofrendas. Dios busca a aquellos que le quieren honrar voluntariamente. Ésta es nuestra oportunidad de honrar a Dios de corazón.

EVANGELISMO:

Al final de esta lección, por favor dedique tiempo para salir por el vecindario a ganar almas. Vaya con todos los miembros de su Casa de Paz.

Bienvenida y Anuncios	5 Minutos
Diezmos y Ofrendas	10 Minutos
Enseñanza	10 Minutos
Salida Evangelistica o Koinonia	1 Hora

LECCIÓN 18

Somos un espíritu en un cuerpo

OBJETIVOS

- Aprender que somos seres espirituales
- Aprender a vivir de acuerdo con el Espíritu

"Y el mismo Dios de paz os santifique por completo; y todo vuestro ser, espíritu, alma y cuerpo, sea guardado irreprensible para la venida de nuestro Señor Jesucristo". **1 Tesalonicenses 5:23**

Hoy en día, hay mucha confusión en lo que respecta a la identidad. Por esta razón, necesitamos saber qué dice Dios acerca de quiénes somos.

¿QUIÉNES SOMOS EN DIOS?

Cada uno de nosotros es un espíritu, con un alma, viviendo en un cuerpo físico. Dios nos creó como seres espirituales para que vivamos con Él, eternamente, hechos a Su imagen y semejanza. Sin embargo, hay una gran batalla entre nuestro espíritu y nuestra carne.

¿QUÉ ES LA CARNE?

"Porque el deseo de la carne es contra el Espíritu, y el del Espíritu es contra la carne; y estos se oponen entre sí, para que no hagáis lo que quisiereis". **Gálatas 5:17**

Nuestra carne es todo aquello que no está bajo el control o la influencia del Espíritu Santo. Por ejemplo, cuando se está viviendo en inmoralidad sexual, idolatría, discordia, envidia, y mucho más, estamos cediendo a los deseos de nuestra carne, y estamos rechazando al Espíritu de Dios.

¿CÓMO ES UNA VIDA EN EL ESPÍRITU?

"Mas el fruto del Espíritu es amor, gozo, paz, paciencia, benignidad, bondad, fe, mansedumbre, templanza; contra tales cosas no hay ley". **Gálatas 5:22-23**

Cuando vivimos de acuerdo con el Espíritu, estamos llenos de Dios y no de nuestros deseos egoístas. Desde el momento que recibimos a Jesús en nuestro corazón, nuestro espíritu nace de nuevo. Solo entonces, podemos vivir por el Espíritu de Dios.

¿CÓMO VIVIR DE ACUERDO CON EL ESPÍRITU SANTO?

Para vivir en el Espíritu debemos:

1. Arrepentirnos y crucificar nuestra carne

"Pero los que son de Cristo han crucificado la carne con sus pasiones y deseos". **Gálatas 5:24**

Aquellos que hemos nacido de nuevo, debemos vivir negándonos a nosotros mismos y crucificando nuestra carne. Las tentaciones van a venir a nuestra mente para hacernos caer en lo carnal, para que nuestro viejo hombre resurja, pero nosotros debemos tener dominio propio y mostrar el fruto del Espíritu.

2. Velar y orar

"Velad y orad, para que no entréis en tentación; el espíritu a la verdad está dispuesto, pero la carne es débil". **Mateo 26:41**

Para poder mantener una vida de acuerdo con el Espíritu, debemos ejercitar el uso de las armas espirituales que Dios nos ha dado. A medida que velamos y oramos a diario, nuestro espíritu es fortalecido, y nuestra carne se debilitará.

3. Meditar en la Palabra de Dios

"Porque la palabra de Dios es viva y eficaz, y más cortante que toda espada de dos filos; y penetra hasta partir el alma y el espíritu, las coyunturas y los tuétanos, y discierne los pensamientos y las intenciones del corazón". **Hebreos 4:12**

Meditar en la Palabra de Dios es sumergirse en ella. La Palabra es la espada del Espíritu que expone las mentiras del enemigo que viene a tentarnos.

¿Quiere vivir de acuerdo con el Espíritu? Su primer paso es recibir a Jesús como su Señor y Salvador. Él murió por nuestros pecados para que podamos ser perdonados y empoderados para caminar en el Espíritu.

PREGUNTAS

1. ¿Quiénes somos en Dios?
2. ¿Cómo podemos vivir de acuerdo con el Espíritu?

ACTIVACIÓN

- El líder hará el llamado a la salvación.
- Guiará al grupo a arrepentirse, proclamar a Jesús como su Señor y Salvador, negar su carne, velar, orar, y meditar en la palabra de Dios.
- Finalmente, orará por las necesidades de la gente.

OFRENDA

"Porque todo lo que hay en el mundo, los deseos de la carne, los deseos de los ojos, y la vanagloria de la vida, no proviene del Padre, sino del mundo. Y el mundo pasa, y sus deseos; pero el que hace la voluntad de Dios permanece para siempre". **1 Juan 2:16-17**

La gente que camina en la carne busca las cosas del mundo, como dinero, fama y estatus social; pero estas cosas pasan. Lo que debemos buscar es la voluntad de Dios. Cada vez que damos nuestros diezmos y ofrendas, estamos reconociendo que no buscamos el mundo presente, sino el reino eterno de Dios, el cual permanece para siempre. ¡Traigamos nuestros diezmos y ofrendas, hoy!

LECCIÓN 19

El estado caído de la humanidad

OBJETIVOS

- Entender cómo la humanidad cayó en el pecado y sus consecuencias
- Aprender cómo Jesús nos redimió del pecado

"Por tanto, como el pecado entró en el mundo por un hombre, y por el pecado la muerte, así la muerte pasó a todos los hombres, por cuanto todos pecaron". **Romanos 5:12**

El estado del mundo de hoy es de total vergüenza, enfermedad y pobreza. Dios no quiere que nos conformemos a este estado caído en el que se encuentra el ser humano. ¿Cuándo comenzó esto? ¿Cuál era la intención original de Dios para nosotros?

EL JARDÍN DE EDÉN

"Y mandó Jehová Dios al hombre, diciendo: De todo árbol del huerto podrás comer; mas del árbol de la ciencia del bien y del mal no comerás; porque el día que de él comieres, ciertamente morirás". **Génesis 2:16-17**

Dios creó al hombre como un ser espiritual para que viviera en Su presencia por toda la eternidad. Sin embargo, los primeros seres humanos, Adán y Eva, desobedecieron al Padre y cayeron en pecado. El resultado del pecado fue la separación entre Dios y los hombres, condenando así a toda la humanidad a vivir en un mundo caído.

TODOS SOMOS PECADORES

"Por cuanto todos pecaron, y están destituidos de la gloria de Dios". **Romanos 3:23**

Todos venimos de un trasfondo y, sin importar qué tan "buena" sea una persona, todos hemos nacido bajo la maldición del pecado, y eso nos convierte en pecadores. Por lo tanto debemos nacer de nuevo en Cristo para ser redimidos.

¿QUÉ INCLUYE EL ESTADO CAÍDO DE LA HUMANIDAD?

1. Muerte física

"Pues polvo eres, y al polvo volverás". **Génesis 3:19**

A través de la caída del hombre, la enfermedad y la muerte fueron introducidas en la raza humana. Jesús vino a traer sanidad al enfermo y al quebrantado de corazón. Gracias a Jesús podemos caminar en sanidad divina.

2. Muerte espiritual

"Porque la paga del pecado es muerte, mas la dádiva de Dios es vida eterna en Cristo Jesús Señor nuestro". **Romanos 6:23**

Dios quiere que vivamos la eternidad con Él, pero no podemos hacerlo si vivimos en pecado. Jesús derrotó a la muerte a través de Su resurrección. Con esto, Él nos ha dado las llaves del Reino. Ya no estamos atados a la maldición de la muerte ni a las obras de Satanás. Tenemos acceso a la vida eterna por medio de aceptar a Jesús en nuestra vida y de vivir en intimidad con Él.

3. Naturaleza carnal

"Y manifiestas son las obras de la carne, que son: adulterio, fornicación, inmundicia, lascivia, idolatría, hechicerías, enemistades, pleitos, celos, iras, contiendas, disensiones, herejías".
Gálatas 5:19-20

En un estado caído el hombre está sin Cristo, sin Dios y sin Su Espíritu. Como consecuencia, la carne gobierna y lo lleva más profundo en el reino de las tinieblas. Sin embargo, a través del Espíritu, el hombre vive de acuerdo con la voluntad de Dios, llevando frutos de paz, unidad y gozo.

JESÚS ES NUESTRO REDENTOR

¡Tenemos buenas noticias! Jesús vino a redimirnos de nuestros pecados y nuestra naturaleza caída. Cuando recibimos a Jesús como nuestro Señor y Salvador, nacemos de nuevo en Él y ya no estamos atados a nuestra vieja naturaleza. Ya no tenemos que vivir en tormento, sino que podemos tener paz. Hoy, elija la vida que Dios planeó para usted.

PREGUNTAS

1. ¿Qué es el pecado?
2. ¿Cuál es el estado de la humanidad?
3. ¿Quién nos redimió del pecado?

ACTIVACIÓN

- El líder hará el llamado a la salvación.
- Guiará al grupo a arrepentirse de sus pecados y a recibir el amor redentor de Dios.
- Finalmente, el líder orará para que Dios los libere de toda atadura de la carne que nos lleva a vivir separados de Dios.

OFRENDA

"Pero Cristo, habiendo ofrecido una vez para siempre un solo sacrificio por los pecados, se ha sentado a la diestra de Dios". **Hebreos 10:12**

Por medio del sacrificio perfecto de Jesús somos restaurados de la condición de caídos, al estado original con que Dios nos creó. Respondamos a ese sacrificio trayendo una ofrenda sacrificial. Cuando damos nuestros diezmos y ofrendas, estamos reconociendo que Jesús es nuestro Señor, quien ha provisto para todas nuestras necesidades.

LECCIÓN 20

Buscando identidad en los lugares incorrectos

OBJETIVOS

- Exponer los medios naturales que dan falsa identidad
- Aprender a encontrar nuestra identidad en Cristo
- Conocer las consecuencias de no tener identidad en Cristo

"Antes que te formase en el vientre te conocí, y antes que nacieses te santifiqué, te di por profeta a las naciones". **Jeremías 1:5**

Mucha gente trata de encontrar identidad por medios naturales, como una carrera, un título universitario, un estatus socioeconómico o el número de seguidores en una red social. Sin embargo, nuestra identidad solo puede ser hallada en Dios.

COSAS NATURALES QUE PUEDEN DARNOS FALSA IDENTIDAD

1. Títulos

Muchas personas buscan validación e identidad en un título; ya sea en un trabajo, escuela, universidad, familia o ministerio. Un título nos puede dar un sentido de importancia, pero no nos da identidad.

2. Logros

Si usted creció en un ambiente donde solo era afirmado cuando lograba algo, probablemente su identidad proviene de ahí.

3. Estatus socioeconómico

La sociedad de hoy está llena de materialismo y comparación. Es fácil compararnos con otros en base al estatus socioeconómico. Por ejemplo, la escuela donde nos graduamos, la carrera que elegimos, la empresa donde trabajamos, o el lugar donde vivimos. Todo esto puede hacernos sentir más o menos valiosos que otros.

4. Relaciones

A veces buscamos identidad en las relaciones que tenemos. Por ejemplo, entablamos amistad con alguien a quien consideramos importante, buscamos una relación sentimental con alguien famoso, o queremos ser vistos con amigos o colegas influyentes para sentir que pertenecemos a algo o alguien. De esta manera, estamos intentando llenar un vacío espiritual con cosas naturales y mundanas. Ese vacío solo puede ser llenado por Dios.

CONSECUENCIAS DE BASAR NUESTRA IDENTIDAD EN LAS COSAS NATURALES

Dios nos creó para tener relación con Él. Cuando buscamos identidad en lo natural o en las cosas temporales, terminamos decepcionados y heridos. Nada fuera de la voluntad de Dios puede satisfacer nuestro deseo más íntimo de pertenencia. El sentido de pertenencia es el deseo de sentirse parte de un grupo o de una sociedad, cuyo origen está en la familia, pues es el primer grupo al que pertenecemos.

"Y esta es la vida eterna: que te conozcan a ti, el único Dios verdadero, y a Jesucristo, a quien has enviado". **Juan 17:3**

CÓMO ENCONTRAR IDENTIDAD EN CRISTO

1. No trate de probar quién es ante Dios

"Porque por gracia sois salvos por medio de la fe; y esto no de vosotros, pues es don de Dios". **Efesios 2:8**

Jesús nos redimió de la maldición del pecado, y nos salvó por gracia. Nuestra verdadera identidad nos la da Dios el Padre. Nada podemos hacer para ganar el amor de Dios o nuestra salvación. Él nos ama tal como somos.

2. Deje de compararse con otros

"Te alabaré; porque formidables, maravillosas son tus obras; estoy maravillado, y mi alma lo sabe muy bien". **Salmos 139:14**

Dios nos creó intencionalmente. Él pensó en cada detalle al momento de crearnos, desde el número de cabellos en nuestra cabeza, hasta nuestros dones y talentos. No necesitamos compararnos con nadie, porque Dios nos creó de manera única.

3. Reciba el amor de Dios

"Mas Dios muestra su amor para con nosotros, en que siendo aún pecadores, Cristo murió por nosotros". **Romanos 5:8**

A menudo, muchos de nosotros aprendemos a buscar identidad en las cosas naturales, porque esa es la forma como fuimos afirmados y amados de niños. Sin embargo, Dios nos creó para ser amados por Él, de manera incondicional. Usted no necesita luchar más; porque Él es más que suficiente para todos nosotros. Recibamos el amor y la identidad de Dios aceptando a Jesús como nuestro Señor y Salvador.

PREGUNTAS

1. ¿Qué medios naturales existen para encontrar identidad?
2. ¿Cuáles son las consecuencias de buscar identidad por medios naturales?
3. ¿Cómo podemos encontrar nuestra identidad en Cristo?

ACTIVACIÓN

- El líder hará el llamado a la salvación.
- Guiará al grupo a arrepentirse por buscar identidad en las cosas naturales y no en Cristo.
- Guiará al grupo a hacer un compromiso para restaurar su relación con Dios.
- Finalmente, el líder orará por el grupo para que sean llenos del amor incondicional de Dios.

OFRENDA

"Porque donde esté vuestro tesoro, allí estará también vuestro corazón". **Mateo 6:21**

¿Dónde está su tesoro? ¿Dónde está su corazón? No deberíamos buscar nuestra identidad en el dinero, sino en Dios. Cuando nuestra identidad procede de Dios, en nuestro corazón nace el anhelo de honrarlo con todo lo que recibimos de Él, incluyendo nuestros diezmos y ofrendas.

LECCIÓN 21

Jesús nos da identidad de hijos de Dios

OBJETIVO

- Entender nuestra identidad como hijos de Dios

"El Espíritu mismo da testimonio a nuestro espíritu, de que somos hijos de Dios". **Romanos 8:16**

En los últimos años, ha surgido el término "generación sin padre", y a causa de ello estamos viendo una crisis de identidad en nuestra sociedad. Ahora, más que nunca, necesitamos saber quiénes somos en Cristo.

HECHOS A IMAGEN Y SEMEJANZA DE DIOS

"Entonces dijo Dios: Hagamos al hombre a nuestra imagen, conforme a nuestra semejanza; y señoree en los peces del mar, en las aves de los cielos, en las bestias, en toda la tierra, y en todo animal que se arrastra sobre la tierra". **Génesis 1:26**

El Dios que creó las estrellas y el vasto universo que conocemos, es el mismo Dios que nos hizo conforme a Su imagen y semejanza. Por haber sido creados conforme a Su imagen es que no podemos vivir o encontrarnos fuera de Él. Desafortunadamente, esa imagen y semejanza de Dios en nosotros, se perdió a raíz del pecado, y ya no vivimos a semejanza de Dios. Hacemos cosas que van contra Su carácter, contra Sus caminos y contra Su Palabra. La única manera de restaurar esa semejanza es a través de Cristo. Jesús fue la perfecta semejanza del Padre. Él murió por nuestros pecados, para que usted y yo podamos ser perdonados. Una vez que somos perdonados, recibimos todos los beneficios por los que Cristo murió. Y esto nos permite caminar nuevamente como hijos(as) de Dios.

¿CÓMO CAMINAR CON LA IDENTIDAD DE HIJOS DE DIOS?

1. Reciba la revelación de Dios como su Padre

Cuando empezamos a caminar en los caminos del Señor a muchos les cuesta ver a Dios como Padre, porque traen a memoria las experiencias con sus padres naturales, que quizá no fueron las mejores. Algunos quizá tuvieron un padre natural que fue muy duro con ellos, o que estuvo ausente todo el tiempo, y creen que Dios el Padre, es de la misma manera. Otros vienen de un trasfondo religioso que ve a Dios como un juez listo para condenarnos, y no como el Padre amoroso que es Él. En este sentido, primero, es importante que perdonemos a nuestros padres, y luego, que renovemos nuestra mente para que el Espíritu Santo pueda revelarnos la manera correcta de ver a Dios.

2. Reciba el Espíritu de adopción

"Porque todos los que son guiados por el Espíritu de Dios, estos son hijos de Dios. Pues no habéis recibido el espíritu de esclavitud para estar otra vez en temor, sino que habéis recibido el espíritu de adopción, por el cual clamamos: ¡Abba, Padre!" **Romanos 8:14-15**

A través del sacrificio de Jesús, tenemos el privilegio de ser llamados hijos del Todopoderoso. No necesitamos ganar es privilegio. Cuando somos guiados por el Espíritu, esta revelación viene a nosotros.

3. Reciba su herencia

"Y si hijos, también herederos; herederos de Dios y coherederos con Cristo, si es que padecemos juntamente con él, para que juntamente con él seamos glorificados". **Romanos 8:17**

Como hijos de Dios, somos coherederos con Cristo Jesús. Todo lo que Jesús tiene, también nos pertenece a nosotros; sea salvación, sanidad, provisión, libertad, poder, autoridad y mucho más. Tenemos una herencia eterna para nosotros y para nuestra familia. ¡Proclame esta verdad sobre su vida y su linaje!

¿Está listo para ser restaurado a la imagen de Dios y caminar como Su hijo? ¿Recibirá hoy a Jesús como su Señor y Salvador?

PREGUNTAS

1. ¿Cómo podemos caminar en identidad como hijos de Dios?
2. ¿Por qué es importante conocer a Dios como nuestro Padre?
3. ¿Qué es el Espíritu de adopción?

ACTIVACIÓN

- El líder hará el llamado a la salvación.
- Guiará al grupo a arrepentirse por ver a Dios a través de sus malas experiencias del pasado, y los llevará a perdonar a sus padres naturales.
- El líder guiará al grupo a clamar *Abba* para recibir la revelación del Padre y el Espíritu de adopción.
- También guiará al grupo a declarar que recibe la herencia de Dios por fe.
- Finalmente, orará por las necesidades de la gente.

OFRENDA

"El que no escatimó ni a su propio Hijo, sino que lo entregó por todos nosotros, ¿cómo no nos dará también con él todas las cosas?" **Romanos 8:32**

Una de las características de Dios es que Él es un "dador". El Padre dio o entregó a Su propio Hijo por nosotros. Si queremos caminar en la semejanza de Dios, nosotros también tenemos que ser dadores. Presentemos hoy nuestros diezmos y ofrendas al Señor.

LECCIÓN 22

Comunión con Dios y con los hermanos

OBJETIVO

- Desarrollar la comunión con los hermanos en Cristo

"Lo que hemos visto y oído, eso os anunciamos, para que también vosotros tengáis comunión con nosotros; y nuestra comunión verdaderamente es con el Padre, y con su Hijo Jesucristo". **1 Juan 1:3**

La clave principal para tener comunión con los hermanos es, primeramente, aprender a tener una relación con Dios. De ahí nacen las relaciones con todas las otras personas. Hay creyentes que tratan de mantener una relación sana con su familia o amistades, pero fracasan porque no han aprendido a tener una verdadera relación con Dios.

LA COMUNIÓN CON DIOS

Si usted se pregunta, ¿cómo puedo desarrollar mi comunión con el Padre, el Hijo y el Espíritu Santo? La respuesta es: igual a como desarrollamos compañerismo y comunión con otros seres humanos; es decir, pasando tiempo de calidad con esa persona. Debemos separar un tiempo en privado donde podamos compartir nuestro corazón con el Padre, dándole alabanza, adoración y oración, leyendo la Palabra de Dios. Al pasar tiempo con el Padre, Él comienza a hablarnos. Así, nuestra relación se desarrolla y crece.

LA COMUNIÓN CON LOS HERMANOS EN CRISTO

Nuestra comunión primero comienza con Dios, y luego se manifiesta hacia los hermanos. De lo contrario no sería genuina. Hoy vamos a tomar un tiempo para compartir entre hermanos.

PREGUNTAS

1. ¿Cómo podemos desarrollar una relación con Dios?
2. ¿Cuál es la clave para tener comunión con nuestros hermanos en Cristo?

ACTIVACIÓN

- El líder hará el llamado de salvación.
- Orará en contra de todo espíritu de división que pueda venir entre los hermanos.
- Finalmente, orará por las necesidades de las personas.
- Use el tiempo disponible para compartir con el grupo en la presencia de Dios.
- Exhorte a los asistentes para que traigan una persona nueva la siguiente semana.

OFRENDA

"No os hagáis tesoros en la tierra, donde la polilla y el orín corrompen, y donde ladrones minan y hurtan;

sino haceos tesoros en el cielo, donde ni la polilla ni el orín corrompen, y donde ladrones no minan ni hurtan. Porque donde esté vuestro tesoro, allí estará también vuestro corazón". **Mateo 6:19-21**

El tesoro más grande que tenemos en esta vida es nuestra relación con Dios. Ese tesoro es eterno; en cambio, los tesoros terrenales son temporales. Pongamos nuestro corazón donde está nuestro verdadero tesoro, y traigamos nuestros diezmos y ofrendas al Señor.

KOINONÍA:
Al final de esta lección, por favor tenga un tiempo de confraternidad con todos los miembros de su Casa de Paz. Por ejemplo: compartan un café o hagan una actividad para romper el hielo, etc.

LECCIÓN 23

Amar como Dios ama

OBJETIVOS

- Conocer la importancia de recibir el amor de Dios
- Aprender a amar a la gente tal como Dios nos ama

"Este es mi mandamiento: Que os améis unos a otros, como yo os he amado. Nadie tiene mayor amor que este, que uno ponga su vida por sus amigos. Vosotros sois mis amigos, si hacéis lo que yo os mando".
Juan 15:12-14

Si conocemos a Dios conoceremos lo que es el verdadero amor. Él nos ama y nos da Su amor para amar a los demás. Cuando ponemos condiciones, juzgamos o condenamos a otras personas, mostramos falta de compasión. Si no perdonamos, dejamos de operar en el amor de Dios y caminamos de acuerdo con la naturaleza caída y pecaminosa del hombre que no ha nacido de nuevo.

¿CUÁLES SON ALGUNAS CARACTERÍSTICAS DEL AMOR DE DIOS?

- **Dios nos ama sin condiciones**

"Mas Dios muestra su amor para con nosotros, en que, siendo aún pecadores, Cristo murió por nosotros". **Romanos 5:8**

Dios muestra Su amor por nosotros, cada mañana, al permitirnos abrir los ojos y respirar, sin importar lo que hicimos bien o mal. No importa qué tan buenos o malos seamos, Su misericordia es nueva cada día, con cada uno de nosotros. Por eso, debemos amar a los demás viéndolos como Dios los ve; como valiosos, preciosos y únicos.

- **Dios nos ama pacientemente**

"El Señor no retarda su promesa, según algunos la tienen por tardanza, sino que es paciente para con nosotros, no queriendo que ninguno perezca, sino que todos procedan al arrepentimiento".
2 Pedro 3:9

Dios conoce nuestra condición y es paciente con nosotros. Él no nos condenó inmediatamente, sino que nos dio una segunda oportunidad, a través de Su Hijo Jesús. Su voluntad es que todos se arrepientan y alcancen la salvación. Por esta razón debemos ir y decirles a todos que Dios es un Dios de amor y de segundas oportunidades. Enseñémosles a todos que Jesús ya pagó por nuestros pecados y que, cuando nos arrepentimos, somos libres de nuestro pasado.

- **Dios nos ama con compasión**

"Y al ver las multitudes, tuvo compasión de ellas; porque estaban desamparadas y dispersas como ovejas que no tienen pastor". **Mateo 9:36**

Las escrituras nos enseñan que Jesús tuvo compasión por las multitudes porque las miraba perdidas y sin esperanza. Esto nos dice que nosotros también debemos tener compasión por los demás. Si vemos a alguien en pecado y perdido, nuestra reacción no debe ser de juicio, sino de compasión. Compasión no es lo mismo que lástima. La lástima no necesariamente lleva a una acción. En cambio, la compasión sí actúa, y manifiesta la naturaleza amorosa de Dios.

AMAR Y PERDONAR

"Antes sed benignos unos con otros, misericordiosos, perdonándoos unos a otros, como Dios también os perdonó a vosotros en Cristo". **Efesios 4:32**

Así como Dios nos ha perdonado en Cristo, nosotros debemos perdonar a los demás. En vez de buscar venganza, cuando nos hacen un mal, debemos ser pacientes, compasivos y amar como Dios ama. Desafortunadamente, muchas personas no conocen el amor de Dios. Por eso, Jesús nos mandó a predicar las buenas nuevas al mundo entero.

Dondequiera que usted se encuentre, ya sea en el trabajo, en la calle o en el colegio, manifieste el amor de Dios. Acuérdese que ese amor es sin condiciones; no juzga, es compasivo y paciente. Así las personas conocerán que Dios habita en usted y vendrán a los pies de Cristo, atraídos por el amor.

Si usted no ha recibido a Jesús, hoy es su oportunidad. ¿Quisiera recibirlo y obtener el perdón de sus errores? Cristo murió por sus pecados en la cruz, y si lo recibe como su Señor y Salvador, usted también podrá encontrar perdón, paz, amor y vida eterna.

PREGUNTAS

1. ¿Cómo es el amor de Dios?
2. ¿Por qué debemos perdonar a otros?
3. ¿Qué debemos hacer cuando les hablamos de Jesús a otros?

ACTIVACIÓN

- El líder hará el llamado al perdido.
- Guiará al grupo a arrepentirse por no estar mostrando el amor de Dios.
- Orará para que el amor de Dios se derrame sobre cada uno de los asistentes.
- Finalmente, orará por las necesidades individuales de las personas.

OFRENDA

"Que en grande prueba de tribulación, la abundancia de su gozo y su profunda pobreza abundaron en riquezas de su generosidad. Pues doy testimonio de que con agrado han dado conforme a sus fuerzas, y aún más allá de sus fuerzas". **2 Corintios 8:2-3**

Otra manera como Dios muestra Su amor es a través de Su generosidad. Dar generosamente es la voluntad de Dios para Sus hijos. Demos hoy generosamente nuestros diezmos y ofrendas al Señor.

LECCIÓN 24

El amor se da sin reservas

OBJETIVOS

- Explicar que el amor de Dios no tiene reservas
- Mostrar que el amor de Dios se manifiesta en Jesús
- Aprender a amar con el amor de Dios

"Porque de tal manera amó Dios al mundo, que ha dado a su Hijo unigénito, para que todo aquel que en él cree, no se pierda, más tenga vida eterna. Porque no envió Dios a su Hijo al mundo para condenar al mundo, sino para que el mundo sea salvo por él". **Juan 3:16-17**

Dios ama tanto a la humanidad que envió a Su Hijo unigénito a morir para salvarnos. Jesús se hizo hombre por amor a nosotros. Él fue humillado, golpeado y entregó Su vida en una cruz —un tipo de muerte que, en aquel tiempo, estaba reservada para los peores delincuentes de la humanidad—, y todo lo hizo porque nos ama. Él nunca se defendió ante sus acusadores; Él se entregó voluntariamente.

¿CÓMO DEMOSTRÓ JESÚS SU AMOR?

Jesús demostró Su amor por nosotros en que, siendo el Hijo de Dios, tomó nuestro lugar en la cruz. Él se quitó Su corona de Rey para que le pusieran una corona de espinas; dejó Sus vestiduras reales para recibir latigazos hasta que Su cuerpo se hizo una sola llaga (vea Isaías 53:5). Jesús llevó nuestras enfermedades para que seamos sanos. Él se dio a Sí mismo para ser crucificado en una cruz y así restaurar nuestra relación con el Padre.

"Haya, pues, en vosotros este sentir que hubo también en Cristo Jesús, el cual, siendo en forma de Dios, no estimó el ser igual a Dios como cosa a que aferrarse, sino que se despojó a sí mismo, tomando forma de siervo, hecho semejante a los hombres; y estando en la condición de hombre, se humilló a sí mismo, haciéndose obediente hasta la muerte, y muerte de cruz". **Filipenses 2:5-8**

Nuestra salvación fue pagada a precio de sangre. Jesús se entregó por completo, por cada uno de nosotros.

¿QUÉ ESTÁ DISPUESTO USTED A DAR POR AMOR?

Este es un tiempo donde el amor de Dios debe ser manifestado. No el amor natural, egoísta, indiferente, interesado y lleno de límites; sino el amor verdadero, sacrificial e incondicional que nos ofrece Dios. Este es el amor con que Jesús nos ama. Como hijos de Dios, todos tenemos la responsabilidad y la tarea de mostrar Su amor, no solo con palabras, sino con su ejemplo.

¿A QUIÉN MÁS DEBEMOS AMAR?

Dios nos manda a amar a todos, incluso, a nuestros enemigos.

"Pero yo os digo: Amad a vuestros enemigos, bendecid a los que os maldicen, haced bien a los que os aborrecen, y orad por los que os ultrajan y os persiguen; para que seáis hijos de vuestro Padre que está en los cielos, que hace salir su sol sobre malos y buenos, y que hace llover sobre justos e injustos". **Mateo 5:44-45**

Muchas personas no conocen el amor porque nadie los ha amado. Tampoco les enseñaron cómo se debe amar. Hoy en día, la humanidad carece de amor porque no conoce a Dios, la fuente del verdadero amor. Como seres humanos, nos cuesta amar a nuestros enemigos, a aquellos que no nos simpatizan y a las personas difíciles de amar. Pero hoy, con la gracia y el amor de Dios lo podemos lograr.

Por ese amor infinito, Jesús quiere que usted le permita entrar en su vida para llenarla con Su amor. Tome la decisión de hacer a Jesús el Señor de su vida, de sus hijos, de su casa, de su negocio. Comience a experimentar Su amor. Al hacerlo, estará listo para demostrar ese mismo amor a los demás.

PREGUNTAS

1. ¿Cómo demuestra Dios Su amor?
2. ¿Quién es el mejor ejemplo de amor?
3. ¿Está usted dispuesto a amar a otros con el amor de Dios?

ACTIVACIÓN

- El líder hará el llamado al perdido para que reciban a Jesús en su corazón.
- Luego, orará por aquellos que quieren sentir el amor de Dios.
- Orará también por las necesidades de la gente.
- Finalmente, exhortará a los asistentes a demostrar el amor de Dios hacia la gente trayendo una persona nueva a la siguiente reunión.

OFRENDA

"Porque de tal manera amó Dios al mundo, que ha dado a su Hijo unigénito, para que todo aquel que en él cree, no se pierda, más tenga vida eterna". **Juan 3:16**

Dios amó tanto al mundo que lo demostró dando lo más valioso, así como lo más cercano a Su corazón: Su Hijo Jesucristo. Para el hombre, una de las cosas más cercanas a su corazón es el dinero, porque dependemos de él para diversos aspectos de la vida. Traigamos hoy nuestros diezmos y ofrendas, y mostrémosle a Dios cuánto lo amamos.

LECCIÓN 25

Características del amor de Dios

OBJETIVOS

- Conocer los conceptos errados que tenemos acerca del amor
- Conocer las características del amor de Dios

"El amor es sufrido, es benigno; el amor no tiene envidia, el amor no es jactancioso, no se envanece; no hace nada indebido, no busca lo suyo, no se irrita, no guarda rencor; no se goza de la injusticia, más se goza de la verdad. Todo lo sufre, todo lo cree, todo lo espera, todo lo soporta". **1 Corintios 13:4-7**

A lo largo de nuestra vida, hemos aprendido una gran cantidad de conceptos equivocados acerca de lo que es el amor. De hecho, la palabra "amor" se usa de muchas maneras. Por ejemplo, la gente dice: "Yo amo a mi mascota" o "yo amo el color azul". Obviamente, hay gran diferencia entre decir que amamos a un hijo y decir que amamos un color. Por lo tanto, es importante tener un concepto bíblico acerca de qué es el verdadero amor. Antes, examinemos algunos conceptos erróneos que hemos aprendido.

CONCEPTOS EQUIVOCADOS ACERCA DEL AMOR

- Debemos amar solo a los que nos aman.
- El amor se acaba.
- Con decir "te amo" basta.
- El amor es una emoción.
- El amor es tener relaciones sexuales.
- El amor depende de cómo actúe la otra persona.
- El amor es egoísta, por ejemplo, "si me hace sentir bien, eso amo".

Ahora que hemos visto conceptos equivocados acerca del amor, ¿cuál es el concepto de Dios acerca del amor? Esto lo podemos ver en **1 Corintios 13:4-7**.

CARACTERÍSTICAS DEL AMOR DE DIOS

- El amor de Dios es sufrido. "Sufrido" quiere decir "paciente".
- El amor de Dios es benigno (bueno). Su amor es bueno siempre y no le hace daño a nadie.
- El amor de Dios no tiene envidia. No desea lo del otro, sino que siempre se alegra del bien del hermano.
- El amor de Dios no es jactancioso. Esto significa que no hace alarde de sí mismo.
- El amor de Dios no se envanece. Es decir que no es arrogante; no piensa de sí mismo por encima de los demás.
- El amor de Dios no hace nada indebido. Siempre hace lo correcto y no es rudo.

- El amor de Dios no busca lo suyo; siempre piensa en los demás.
- El amor de Dios no se irrita. No reacciona mal, incluso cuando algo lo enoja.
- El amor de Dios no guarda rencor; más bien, perdona y no sigue reclamando por algo que ocurrió en el pasado.
- El amor de Dios no se goza de la injusticia, sino que es justo y busca la justicia.
- El amor de Dios se goza en la verdad. Es decir que sabe que la verdad siempre triunfa.
- El amor de Dios todo lo sufre, todo lo cree, todo lo espera, todo lo soporta. Es un amor que espera con paciencia y soporta todo sin quejarse.

¿PUEDO AMAR COMO DIOS AMA?

Después de conocer las características del amor de Dios, usted pensará que es imposible amar como Él. Y lo cierto es que para una persona sin Dios es imposible. Es humanamente imposible porque el amor de Dios es sobrenatural. Esta clase de amor nos es dada por Dios cuando recibimos a Jesús como Señor y Salvador y tomamos la decisión de caminar con Él.

"Y la esperanza no avergüenza; porque el amor de Dios ha sido derramado en nuestros corazones por el Espíritu Santo que nos fue dado". **Romanos 5:5**

El Espíritu Santo derrama el amor de Dios en nuestros corazones para que podamos amar a otros desinteresadamente. Tenemos que tomar la decisión de amar como Dios ama: No esperando recibir primero, sino pensando en dar, y sin cansarnos de hacer el bien.

Ese amor de Dios se manifestó en la persona de Jesucristo. Él murió por amor a nosotros sin pedirnos nada a cambio. Ahora, con tan solo aceptar a Jesús en nuestro corazón y dejar que sea el Señor de nuestra vida, podremos experimentar Su amor sin límites.

Amigo que ha venido de visita, hoy es el mejor día para que le entregue su vida a Jesús, Aquel que nos ama de verdad. ¡Vamos a hacerlo ahora!

PREGUNTAS

1. ¿Qué conceptos equivocados del amor tenía usted?
2. ¿Qué característica del amor de Dios encuentra más sorprendente?

ACTIVACIÓN

- El líder hará el llamado por el perdido para recibir a Jesús.
- Luego, guiará a las personas a renunciar a todo concepto mundano acerca del amor, y a renunciar a la envidia, el celo, la venganza, la falta de perdón, el rencor, la ira, el orgullo, y los llevara a recibir el amor de Dios.
- Finalmente, el líder orará por las necesidades individuales de las personas.

OFRENDA

"Dad, y se os dará; medida buena, apretada, remecida y rebosando darán en vuestro regazo; porque con la misma medida con que medís, os volverán a medir". **Lucas 6:38**

¡Dios siempre quiere bendecirnos! Cuando damos, nos convertimos en candidatos para recibir. La bendición será conforme a la medida en que nosotros demos. Si estamos buscando grandes bendiciones, debemos sembrar en grande. ¡Ofrezcamos a Dios nuestros diezmos y ofrendas con esta revelación!

LECCIÓN 26

El amor de Dios demostrado

OBJETIVO

- Salir a evangelizar al perdido, mostrando el amor de Dios

"Mas Dios muestra su amor para con nosotros, en que, siendo aún pecadores, Cristo murió por nosotros".
Romanos 5:8

El amor de Dios se demuestra con hechos. El Padre demostró Su amor enviando a Jesús a morir por nosotros, aun cuando éramos sus enemigos. Este mundo está lleno de personas alejadas de Dios. Él ha hecho Su parte mostrando Su amor hacia el perdido. Ahora falta que alguien vaya y les cuente, a quienes aún no lo conocen, lo que Dios ha hecho. Ese alguien somos nosotros. Salgamos hoy a anunciar las buenas noticias del amor de Dios hacia los pecadores. Cuando alguien se arrepiente, Jesús perdona todos sus pecados, le da salvación, y le hace hijo de Dios. Es en ese momento, que el amor de Dios se derrama sobre su vida.

ACTIVACIÓN

- Si hay alguien que visita por primera vez, el líder hará el llamado de salvación.
- Luego, orará por el grupo para que Dios les dé gracia para anunciar el evangelio de Jesucristo.
- El grupo orará unido por la salvación de las almas.

OFRENDA

"¿Y cómo oirán sin haber quien les predique? ¿Y cómo predicarán si no fueren enviados?"
Romanos 10:14-15

En nuestro ministerio tomamos muy en serio el llamado de Dios a preparar personas para predicar el evangelio al resto del mundo. Usted es partícipe de este privilegio al dejarse entrenar, al hablarle a otros de Cristo, y al traer sus recursos financieros para llevar el mensaje cada vez a más gente. Hay lugares donde usted no puede ir, pero el evangelio sí puede, a través de sus diezmos y ofrendas. Presentémosle a Dios nuestros diezmos y ofrendas para que otras personas sean enviadas a predicar el evangelio a aquellos lugares donde nosotros no podemos llegar.

EVANGELISMO:
Al final de esta lección, por favor dedique tiempo para salir por el vecindario a ganar almas. Vaya con todos los miembros de su Casa de Paz.

Bienvenida y Anuncios	5 Minutos
Diezmos y Ofrendas	10 Minutos
Enseñanza	10 Minutos
Salida Evangelistica o Koinonia	1 Hora

LECCIÓN 27

¿Por qué tenemos que orar?

OBJETIVOS

- Conocer las razones más importantes por las que debemos orar
- Aprender cuál es la oración que Dios siempre responde

"Mas tú, cuando ores, entra en tu aposento, y cerrada la puerta, ora a tu Padre que está en secreto; y tu Padre que ve en lo secreto te recompensará en público". **Mateo 6:6**

Orar es la capacidad de comunicarnos con Dios el Padre; es la forma como edificamos una relación personal con Él. Toda relación requiere una comunicación fluida, y esto implica hablar y escuchar. De esta forma, la oración es la manera en que los hijos de Dios mantenemos un diálogo con nuestro Padre celestial.

¿POR QUÉ NECESITAMOS ORAR?

1. Para edificar una relación con Dios

"Mis ovejas oyen mi voz, y yo las conozco, y me siguen". **Juan 10:27**

Ninguna religión demanda tener una relación con su dios. Pero el Dios de Abraham, Isaac y Jacob sí se relaciona y comunica con Sus hijos. La verdadera esencia de una relación no es solo lo que tenemos que decir. Lo más importante es saber escuchar a la otra persona. El fruto de nuestra relación con Dios es saber oír Su voz; y las evidencias de esa relación es que recibimos soluciones, respuestas, dirección y sabiduría para nuestra vida.

2. Para buscar la voluntad de Dios

"Mas buscad primeramente el reino de Dios y su justicia, y todas estas cosas os serán añadidas". **Mateo 6:33**

La oración es un camino para estar en la voluntad de Dios. Muchos hacen cosas como casarse, comprar una casa, mudarse a otro estado o cambiar de trabajo, sin tomar en cuenta si esa es la voluntad de Dios para ellos. Si usted busca a Dios con corazón sincero y quiere hacer Su voluntad, entonces Él guiará sus pasos.

3. Para caminar en el Espíritu

"Porque todos los que son guiados por el Espíritu de Dios, estos son hijos de Dios". **Romanos 8:14**

¿Cómo puede una persona caminar en el Espíritu? La clave es tener una vida de oración activa. Los cristianos somos identificados por nuestra vida espiritual. La oración nos empodera para manifestar el poder sobrenatural de Dios. Como

Sus hijos, estamos llamados a expandir Su reino con milagros, señales, maravillas, liberación y resurrección de muertos, ya que estos son algunos de los beneficios de caminar en el Espíritu.

4. Para ser más a Su semejanza

"Entonces dijo Dios: Hagamos al hombre a nuestra imagen, conforme a nuestra semejanza".
Génesis 1:26

Fuimos hechos a imagen y semejanza de Dios. Génesis nos enseña que nos fue dada la capacidad de ejercer dominio sobre el aire, el agua y la tierra, y estamos supuestos a reflejar el carácter de Dios en la tierra. Sabemos que Dios es amor, misericordia, bondad, perdón, y mucho más. Cuando pasamos tiempo en oración, Dios ablanda nuestro corazón. Y donde no teníamos amor, Él nos da Su amor. Si no éramos misericordiosos, bondadosos ni podíamos perdonar, Él nos cambia para que podamos reflejar Su carácter en este mundo.

LA ORACIÓN QUE DIOS SIEMPRE RESPONDE

"Todo aquel que niega al Hijo, tampoco tiene al Padre. El que confiesa al Hijo, tiene también al Padre".
1 Juan 2:23

Si bien hay oraciones que Dios no escucha, hay una que Él siempre está listo para oír. Es la oración de salvación. Esta es la oración que una persona dice para recibir a Jesús como su Señor y Salvador. Podemos orar todo lo que queramos, pero si no tenemos a Jesús como nuestro Salvador, vanas son nuestras oraciones. Solo si tenemos al Hijo, podemos tener acceso al Padre. Si usted nunca ha recibido a Jesús como su Salvador, los cielos están listos para oír su oración por salvación.

PREGUNTAS

- ¿Por qué necesitamos orar para edificar una relación con Dios?
- ¿Por qué debemos buscar el reino de Dios y Su justicia en oración?
- ¿Cuál es la oración que Dios siempre responde?

ACTIVACIÓN

- El líder hará el llamado a la salvación.
- Guiará al grupo a comprometerse a tener una vida de oración.
- Ministrará el espíritu de oración al grupo e impartirá la gracia para orar, caminar en el Espíritu y tener una relación íntima con Dios.
- Finalmente, el líder orará por las necesidades individuales de las personas.

OFRENDA

"Ninguno puede servir a dos señores; porque o aborrecerá al uno y amará al otro, o estimará al uno y menospreciará al otro. No podéis servir a Dios y a las riquezas". **Mateo 6:24**

Algunas personas pasan toda su vida tratando de acumular dinero, hasta que éste se convierte en un dios para ellos; y lo sirven, en lugar de servir al Dios Todopoderoso. Jesús dijo que en el corazón hay una competencia acerca de quién es nuestro Dios. ¿Es el dinero? ¿O es Dios, el Padre? Cada vez que traemos nuestros diezmos y ofrendas, estamos declarando que el Padre celestial es nuestro Dios y proveedor. Hoy, honremos al Padre trayendo nuestros diezmos y ofrendas.

LECCIÓN 28

¿Por qué muchas oraciones no son contestadas?

OBJETIVOS

- Aprender a orar sin obstáculos
- Empezar a recibir respuestas a sus oraciones

"Y los cielos que están sobre tu cabeza serán de bronce, y la tierra que está debajo de ti, de hierro".
Deuteronomio 28:23

Millones de personas en el mundo oran cada día. Desafortunadamente, muchas de esas oraciones no son respondidas. Incluso, hay oraciones de gente cristiana que tampoco han sido contestadas. Esto ocurre porque no sabemos pedir. Si queremos que nuestras oraciones tengan respuesta, debemos aprender a orar correctamente.

Estas son algunas razones por las que nuestras oraciones no son contestadas:

- **Oran de manera religiosa**

"Y cuando ores, no seas como los hipócritas; porque ellos aman el orar en pie en las sinagogas y en las esquinas de las calles, para ser vistos de los hombres; de cierto os digo que ya tienen su recompensa. Mas tú, cuando ores, entra en tu aposento, y cerrada la puerta, ora a tu Padre que está en secreto; y tu Padre que ve en lo secreto te recompensará en público. Y orando, no uséis vanas repeticiones, como los gentiles, que piensan que por su palabrería serán oídos. No os hagáis, pues, semejantes a ellos; porque vuestro Padre sabe de qué cosas tenéis necesidad, antes que vosotros le pidáis".
Mateo 6:5-8

¿Qué es la oración religiosa? Una oración religiosa es aquella donde hacemos vanas repeticiones o usamos palabrería innecesaria, solo para impresionar a otros. Aun cuando oramos de memoria el "Padre nuestro", una y otra vez, terminamos haciendo una oración religiosa. Porque la verdadera oración brota de su corazón. Desde allí usted habla con Dios. Él conoce todas sus necesidades, pero quiere oír lo que usted tiene que decirle.

- **Oran con incredulidad**

"Pero sin fe es imposible agradar a Dios; porque es necesario que el que se acerca a Dios crea que le hay, y que es galardonador de los que le buscan".
Hebreos 11:6

Si usted ora, pero no está tan convencido de que Dios le vaya a responder, tenga por seguro que no recibirá respuesta. Tampoco la recibirá si no cree en lo que está pidiendo. Por eso, es tan importante conocer la Palabra de Dios. Cuando usted pide de acuerdo con Su voluntad, Él responde.

- **Oran con falta de perdón**

"Y cuando estéis orando, perdonad, si tenéis algo contra alguno, para que también vuestro Padre que está en los cielos os perdone a vosotros vuestras ofensas". **Marcos 11:25**

La falta de perdón es un veneno para su alma. El rencor contamina y amarga su corazón, haciendo que el Señor no responda a nuestras oraciones. Puesto que Dios ha perdonado nuestros pecados a través de Jesucristo, Él demanda que también nosotros perdonemos a nuestros semejantes.

- **Oran sin estar en justicia**

"Confesaos vuestras ofensas unos a otros, y orad unos por otros, para que seáis sanados. La oración eficaz del justo puede mucho". **Santiago 5:16**

No ser justo significa que usted no está en rectitud o en buenos términos con Dios. Cuando tenemos pecados no confesados, y no nos hemos arrepentido por ello, significa que no estamos rectos delante de Dios. Y puesto que Él es un juez justo, no escuchará nuestras oraciones. Por otro lado, cuando caminamos en justicia y rectitud, nuestras oraciones adquieren poder.

- **Maltratan al cónyuge**

"Vosotros, maridos, igualmente, vivid con ellas sabiamente, dando honor a la mujer como a vaso más frágil, y como a coherederas de la gracia de la vida, para que vuestras oraciones no tengan estorbo". **1 Pedro 3:7**

Dios deja muy claro que debemos amarnos los unos a los otros. Esto incluye que debemos amar a nuestro esposo(a), con quien somos una sola carne. Por eso, cuando un hombre maltrata a Su esposa o una mujer a su esposo, Dios no escucha sus oraciones.

- **Oran sin tener una relación con Dios**

"Mas él, respondiendo, dijo: De cierto os digo, que no os conozco (no tenemos relación)".
Mateo 25:12 (Énfasis del autor)

En esta parábola de las diez vírgenes, Jesús les dice a las cinco insensatas que, el solo hecho de hablar con Dios no significa que tienen una relación. ¿Está usted buscando hacer la voluntad de Dios? ¿Quiere avanzar Su Reino? ¿Conoce el propósito de Dios para su vida? ¿Está obedeciendo Su Palabra? Todo eso es tener una verdadera relación con Él, no solo ir a contarle sus problemas. Si usted no tiene una verdadera relación con Dios o no está seguro de tenerla, comience hoy por recibir a Jesús en su corazón. Reconózcalo como su Señor y Salvador. Él también murió por usted en la cruz, para que la relación entre usted y el Padre, que estaba rota a causa del pecado, sea restaurada. ¡Hoy es el mejor día para recibirlo!

PREGUNTAS

1. ¿Escucha Dios todas las oraciones?
2. ¿Cuáles son algunas razones por las cuales Dios no escucharía una oración?

ACTIVACIÓN

- El líder hará el llamado a la salvación.
- Guiará al grupo a arrepentirse por cada comportamiento que ha interferido con sus oraciones.
- Luego, todos juntos orarán por aquellas áreas en las que necesitan rompimiento.
- Finalmente, el líder orará por las necesidades de la gente.

OFRENDA

"Por tanto, si traes tu ofrenda al altar, y allí te acuerdas de que tu hermano tiene algo contra ti, deja allí tu ofrenda delante del altar, y anda, reconcíliate primero con tu hermano, y entonces ven y presenta tu ofrenda".
Mateo 5:23-24

¿Tiene falta de perdón contra alguien? Si es así pídale a Dios que lo perdone, ahora mismo. En cuanto sea posible, pídale perdón a esa persona con quien ha estado ofendido. Así, Dios recibirá sus ofrendas como un sacrificio aceptable, y desatará bendición sobre su vida. ¡Parémonos desde una posición de justicia delante de Dios y démosle nuestros diezmos y ofrendas!

LECCIÓN 29

Orando en el nombre de Jesús

OBJETIVOS

- Aprender a orar en el nombre de Jesús
- Experimentar lo que sucede cuando oramos en el nombre de Jesús

"Para que en el nombre de Jesús se doble toda rodilla de los que están en los cielos, y en la tierra, y debajo de la tierra; y toda lengua confiese que Jesucristo es el Señor, para gloria de Dios Padre". **Filipenses 2:10-11**

Jesús les enseñó a Sus discípulos a orar a Dios el Padre. Hacia el final de Su ministerio les dijo que, para que sus oraciones fueran contestadas, debían pedir al Padre en Su nombre.

"No me elegisteis vosotros a mí, sino que yo os elegí a vosotros, y os he puesto para que vayáis y llevéis fruto, y vuestro fruto permanezca; para que todo lo que pidiereis al Padre en mi nombre, él os lo dé". **Juan 15:16**

Jesús estaba a punto de obtener la mayor victoria en la historia de la humanidad. Al ir a la cruz, Él estaba pagando por todos nuestros pecados. De esa manera recobró la autoridad que Satanás le había arrebatado al ser humano en el huerto de Edén. Por lo tanto, orar en el nombre de Jesús es orar sobre los méritos de lo que Él logró en la cruz.

¿QUÉ SUCEDE CUANDO ORAMOS EN EL NOMBRE DE JESÚS?

1. Se desata poder

En Éxodo, cuando Moisés le pregunta a Dios sobre Su verdadero nombre, Él responde en hebreo YHVH, que se traduce como "Yo soy el que soy" **(vea Éxodo 3:14)**. En el Nuevo Testamento el nombre de Jesús equivale al nombre de Dios. Lo vemos en **Juan 8:58** cuando Jesús les dice a los judíos *"De cierto, de cierto os digo: Antes que Abraham fuese, yo soy"*. El nombre de Jesús está por encima de todo otro nombre. Está por encima de la maldición, la enfermedad, los problemas, los conflictos, y por encima del reino de las tinieblas.

"Y despojando a los principados y a las potestades, los exhibió públicamente, triunfando sobre ellos en la cruz". **Colosenses 2:15**

La cruz es la exhibición pública de la derrota del reino de las tinieblas. Orar en el nombre de Jesús le recuerda a satanás, a sus principados y potestades, que Jesús es el Señor. Esta declaración es para siempre, en el cielo, en la tierra y debajo de la tierra, cuando oramos en el nombre de Jesús.

2. Oramos en Su autoridad

Cuando tenemos una relación con Jesús y usamos Su nombre, estamos orando en Su lugar. Es como si orara el mismo Jesús. Cuando usted ora y dice: "En el nombre de Jesús", está orando en Su autoridad.

La autoridad es diferente del poder. El poder es la capacidad de hacer algo; en cambio, la autoridad es tener el derecho legal para hacerlo. Jesús tiene toda autoridad y todo poder, de modo que nada hay que pueda desobedecer una orden Suya.

"Y Jesús se acercó y les habló diciendo: Toda potestad me es dada en el cielo y en la tierra. Por tanto, id, y haced discípulos a todas las naciones". **Mateo 28:18-19**

Ahora, Él nos envía en esa misma autoridad para que hagamos discípulos en todas las naciones.

3. Trae el reino de Dios a la tierra

"Y juntamente con él nos resucitó, y asimismo nos hizo sentar en los lugares celestiales con Cristo Jesús". **Efesios 2:6**

Imagine que usted está sentado en el cielo con Jesús. Eso le da la capacidad de gobernar y reinar juntamente con Él a través de la oración. Espiritualmente, usted está en la misma posición de Cristo y opera por encima del reino de las tinieblas. Aunque en lo natural estemos en la tierra, aquí estamos estableciendo Su reino como en el cielo.

Es tiempo de comenzar a gobernar por medio de la oración. Si no ha recibido a Jesús como su Señor y Salvador, su oración no será oída. ¿Lo ha recibido? Si no lo ha recibido, ¡venga, es hora de recibirlo!

PREGUNTAS

1. ¿A quién le dio el Padre celestial el nombre sobre todo otro nombre?
2. ¿Por qué oramos en el nombre de Jesús?
3. ¿Qué sucede cuando oramos en el nombre de Jesús?

ACTIVACIÓN

- El líder hará el llamado a la salvación.
- Orará por las necesidades de la gente.
- Finalmente, guiará a la gente a orar por otras necesidades en su vida.

OFRENDA

"Estando Jesús sentado delante del arca de la ofrenda, miraba cómo el pueblo echaba dinero en el arca; y muchos ricos echaban mucho. Y vino una viuda pobre, y echó dos blancas, o sea un cuadrante. Entonces llamando a sus discípulos, les dijo: De cierto os digo que esta viuda pobre echó más que todos los que han echado en el arca; porque todos han echado de lo que les sobra; pero esta, de su pobreza echó todo lo que tenía, todo su sustento". **Marcos 12:41-44**

Aunque la viuda era pobre, Jesús no le dijo que no diera; al contrario, ante Sus ojos, ella dio la mejor ofrenda. No importa cuál es su condición económica en estos momentos, todos podemos darle nuestra mejor ofrenda al Señor. Traigamos nuestros diezmos y ofrendas hoy ante Dios.

LECCIÓN 30

Compartir como hermanos en Cristo

OBJETIVO

- Aprender que la voluntad de Dios es que haya unidad entre los hermanos

---

"Para que todos sean uno; como tú, Oh Padre, en mí, y yo en ti, que también ellos sean uno en nosotros; para que el mundo crea que tú me enviaste. La gloria que me diste, yo les he dado, para que sean uno, así como nosotros somos uno". **Juan 17:21-22**

Cuando Jesús oró por Sus discípulos para que fueran uno como Él y el Padre, en esa oración también estábamos incluidos nosotros. Porque esa es la voluntad del Señor, que seamos unidos.

"Para que comprobéis cuál sea la buena voluntad de Dios, agradable y perfecta". **Romanos 12:2**

La voluntad de Dios es buena, agradable y perfecta. En otras palabras, es lo mejor que nos puede suceder en la vida. Si Jesús oró por la unión de Sus discípulos, ahora nosotros como sus discípulos, debemos tomar esto seriamente.

¿QUÉ COSAS NOS UNEN?

- Tenemos el mismo Padre celestial.
- Hemos sido redimidos por la sangre de Cristo y somos parte de Su cuerpo.
- Tenemos al Espíritu Santo.
- Somos parte del reino de Dios.

Todas estas cosas son eternas y las disfrutaremos aquí y por la eternidad. Hoy, podemos gozar de estos beneficios, gracias a la muerte y resurrección de Jesús. En este día, compartamos juntos esas bendiciones eternas que tenemos en común.

PREGUNTAS

1. ¿Cómo es la voluntad de Dios?
2. ¿Qué cosas nos unen como discípulos de Cristo?

ACTIVACIÓN

- El líder hará el llamado de salvación y orará por las necesidades de las personas.
- Luego, usará el tiempo restante para compartir con los hermanos de la Casa de Paz.
- Finalmente, exhortará al grupo para que traigan una persona nueva la siguiente semana.

OFRENDA

"Por tanto, Jehová el Dios de Israel dice: Yo había dicho que tu casa y la casa de tu padre andarían delante de mí perpetuamente; mas ahora ha dicho Jehová: Nunca yo tal haga, porque yo honraré a los que me honran, y los que me desprecian serán tenidos en poco". **1 Samuel 2:30**

Como nuestro Padre celestial y creador de todo lo que existe, Dios merece nuestra honra. Él es honrado a través de nuestra alabanza y adoración, oraciones, obediencia, estudio de Su palabra y de nuestros diezmos y ofrendas. Los diezmos y ofrendas representan parte de nuestra vida, ya que tenemos que trabajar para recibir el dinero. Por eso es un sacrificio agradable a Dios. Honrémoslo hoy con nuestros diezmos y ofrendas.

KOINONÍA:
Al final de esta lección, por favor tenga un tiempo de confraternidad con todos los miembros de su Casa de Paz. Por ejemplo: compartan un café o hagan una actividad para romper el hielo, etc.

LECCIÓN 31

El pecado y sus consecuencias

OBJETIVO

- Aprender acerca del pecado y sus consecuencias

"Todo aquel que comete pecado, infringe también la ley; pues el pecado es infracción de la ley". **1 Juan 3:4**

A través de la historia, las personas confrontan todo tipo de problemas; entre ellos conflictos en la salud, finanzas, familia y en la sociedad donde viven. La humanidad entera ha enfrentado graves dificultades a lo largo de los siglos. Por ejemplo, enfrentamientos entre naciones, diferencias diplomáticas y comerciales, plagas y problemas de salud que han terminado en pandemias. No obstante, a través de la historia, el problema más grande del ser humano ha sido y sigue siendo el pecado.

¿QUÉ ES EL PECADO?

Pecado es quebrantar o violar la ley de Dios; es el incumplimiento de un pacto. Es toda acción hecha en contra de Dios y de Su propósito para nuestra vida; es todo lo opuesto a la naturaleza divina. La Biblia nos enseña en el libro de Génesis, que Adán y Eva fueron quienes introdujeron el pecado a toda la raza humana, a través de sus acciones de rebeldía e independencia contra Dios, su creador.

¿POR QUÉ LA GENTE CAE EN PECADO?

La gente cae en pecado porque ignora las consecuencias eternas que esto puede causar. Satanás ha hecho un excelente trabajo encubriendo esas consecuencias, y así muchos se dejan llevar por los deleites y placeres temporales. Las personas caen en el alcoholismo para escapar de las presiones de la vida, ignorando que se están autodestruyendo con problemas de salud crónicos como enfermedades cardiacas, hepáticas, problemas digestivos, cáncer, etcétera, que conducen a la muerte. Otros se enredan en pecados sexuales buscando un placer instantáneo, ignorando que detrás de esto está la destrucción de su matrimonio, el descrédito frente a sus hijos y el riesgo de un sinnúmero de enfermedades de transmisión sexual que pueden llevar a graves problemas de salud propios y de otras personas.

¿CUÁLES SON LOS DIFERENTES TIPOS DE PECADO?

"Y al que sabe hacer lo bueno, y no lo hace, le es pecado". **Santiago 4:17**

Hay dos tipos de pecado:

Pecado de omisión y pecado de comisión.

Los pecados de omisión son el resultado de no hacer (omitir) algo que Dios nos enseña que debemos hacer.

Los pecados de comisión son errores intencionales; acciones que, aun sabiendo que estamos violando las leyes de Dios, las realizamos voluntariamente, en claro desafío a Dios. En el libro de Romanos 7:14-20, el apóstol Pablo hace un contraste entre estos dos tipos de pecado al declarar que él hace lo que no quiere hacer porque sabe que es malo (pecado de comisión), y no hace lo que debe hacer porque sabe que es bueno (pecado de omisión).

¿CUÁLES SON LAS CONSECUENCIAS DEL PECADO?

Las consecuencias del pecado se pueden clasificar en dos tipos: consecuencias naturales y consecuencias espirituales.

Consecuencias naturales: Donde hay pecado abunda la enfermedad, pobreza y escasez. El pecado trae una alegría y satisfacción temporales, seguidos de soledad, temor, ansiedad y todo tipo de dolores.

Consecuencias espirituales: Donde hay pecado, Dios no está. Mientras Jesús cargaba con todos los pecados de la humanidad en la cruz, clamó a gran voz, diciendo: *"Dios mío, Dios mío, ¿por qué me has desamparado?"* **(Mateo 27:46)**. Esto prueba que es imposible tener una relación con Dios y vivir en pecado.

En conclusión, la consecuencia más grave del pecado es la muerte espiritual, porque significa vivir una eternidad en el infierno, lejos de Dios. Pero no tiene que ser así; de hecho, no es el plan de Dios. **Romanos 6:23** dice *"Porque la paga del pecado es muerte, mas la dádiva de Dios es vida eterna en Cristo Jesús Señor nuestro"*. Dios nos da la única solución al problema del pecado: la salvación a través de Su Hijo Jesucristo. Toda persona que reconoce que es un pecador, que se arrepiente de sus pecados, le pide perdón a Dios y acepta a Jesús como su Señor y Salvador, tendrá vida eterna.

Conociendo qué es el pecado y sus consecuencias, le pregunto: ¿Qué hará usted hoy para ser salvo?

PREGUNTAS

1. ¿Qué es el pecado?
2. ¿Cuáles son algunas de las consecuencias del pecado?
3. ¿Cuál es la solución al pecado?

ACTIVACIÓN

- El líder hará el llamado a la salvación, guiando a las personas a reconocer que son pecadoras y a arrepentirse de sus pecados para recibir la vida eterna en Cristo Jesús.

- Llevará al grupo a renunciar a todo espíritu de rebeldía e independencia contra Dios, los hará renunciar a todo engaño y ceguera espiritual a causa del pecado.

- Finalmente, orará y declarará sanidad y bendición sobre todos los asistentes, y tomará testimonios.

OFRENDAS

"Si las primicias son santas, también lo es la masa restante; y si la raíz es santa, también lo son las ramas".
Romanos 11:16

La palabra "santo" significa apartado para el uso exclusivo de Dios. Una persona es santa cuando se aparta del mundo y del pecado para dedicarse exclusivamente a Dios. En el área de las finanzas, cuando lo primero que disponemos de nuestro pago es para honrar a Dios con nuestros diezmos y ofrendas, Dios bendice y santifica el resto. Es más, le prohíbe a satanás, tocarlo. Presentemos hoy nuestros diezmos y ofrendas al Señor.

LECCIÓN 32

El arrepentimiento

OBJETIVOS

- Aprender acerca del arrepentimiento
- Llevar al arrepentimiento de pecados
- Hacer un pacto con Dios

"No he venido a llamar a justos, sino a pecadores al arrepentimiento". **Lucas 5:32**

Si usted reconoce que hay áreas en su vida que necesitan un cambio y se ha estado preguntando cómo hacerlo; si todos los días se encuentra diciendo o pensando cosas como "Yo quiero cambiar", "necesito un cambio", "tengo que cambiar, pero ¿será que puedo cambiar?", la respuesta, sin duda alguna, es sí. La humanidad ha inventado muchos programas para hacer cambios en sus vidas, pero Dios solo tiene uno, y es absolutamente eficaz. El cambio, en Dios, comienza con un ARREPENTIMIENTO genuino.

¿QUÉ ES EL ARREPENTIMIENTO?

En la Biblia, la palabra "arrepentimiento" significa literalmente "repensar", o sea, tener un cambio de mentalidad. El arrepentimiento involucra la mente, las emociones y la voluntad. Es el resultado de hacer un cambio radical en el corazón para buscar una nueva dirección de vida. Es darle la espalda por completo al pecado para encontrarnos cara a cara con Dios.

¿QUÉ DIJO JESÚS ACERCA DEL ARREPENTIMIENTO?

El arrepentimiento fue el mensaje principal de Jesús y de Sus discípulos. En **Mateo 4:17**, cuando Jesús comenzó a predicar, dijo: *"Arrepentíos, porque el reino de los cielos se ha acercado"*. En **Lucas 15:7** lo encontramos diciendo: *"Os digo que así habrá más gozo en el cielo por un pecador que se arrepiente, que por noventa y nueve justos que no necesitan de arrepentimiento".*

¿QUÉ NO ES EL ARREPENTIMIENTO?

"No sea que haya algún fornicario, o profano, como Esaú, que por una sola comida vendió su primogenitura. Porque ya sabéis que aun después, deseando heredar la bendición, fue desechado, y no hubo oportunidad para el arrepentimiento, aunque la procuró con lágrimas". **Hebreos 12:16-17**

La Escritura llama a Esaú una persona profana, alguien a quien no le importaban las cosas de Dios. Él pensaba que las cosas espirituales eran una molestia. El joven hijo de Isaac mostró cuán profano era cuando despreció su primogenitura —el derecho a presidir la familia y heredar una parte doble de los bienes y tierras de su padre—. Todo lo cambió por un plato de comida. En estos versículos, la palabra "desechado" significa "olvidado, descalificado, eliminado". Cuando se dio cuenta de lo que había hecho, Esaú buscó remediar su error llorando y protestando; pero su arrepentimiento no fue genuino. Por lo tanto, arrepentirse no es solo llorar o sentirse culpable por no haber hecho lo correcto.

"Ahora me gozo, no porque hayáis sido contristados, sino porque fuisteis contristados para arrepentimiento; porque habéis sido contristados según Dios, para que ninguna pérdida padecieseis por nuestra parte. Porque la tristeza que es según Dios produce arrepentimiento para salvación, de que no hay que arrepentirse; pero la tristeza del mundo produce muerte". **2 Corintios 7:9-10**

La tristeza que es según Dios produce un arrepentimiento que lleva a la salvación; no es mera lamentación por las consecuencias de nuestros errores, sino por haber ofendido a Dios. En cambio, la tristeza del mundo produce muerte.

El arrepentimiento no es fácil; es más, a veces parece imposible. Por eso, hoy al escuchar esta palabra no endurezca su corazón. Uno nunca sabe si ésta puede ser la última oportunidad de arrepentirse y buscar al Padre. El arrepentimiento es un requisito para entrar al reino de Dios. Porque ante Dios todos hemos pecado. Solo Jesús nos puede justificar ante el Padre, porque Él ya pagó por nuestros pecados. Basta con arrepentirnos de todo corazón. ¿Quiere arrepentirse y recibir a Jesús ahora?

PREGUNTAS

1. ¿Qué es el arrepentimiento?
2. ¿Qué dijo Jesús acerca del arrepentimiento?
3. ¿Qué no es el arrepentimiento?

ACTIVACIÓN

- El líder hará el llamado a la salvación. Guiará a las personas a reconocer que son pecadoras y a arrepentirse de sus pecados, a fin de recibir la vida eterna en Cristo Jesús.

- Llevará al grupo a arrepentirse de su pecado y a hacer un pacto de buscar a Dios, mientras se aleja de la vida pecaminosa.

- Finalmente, orará por las necesidades de las personas y las bendecirá.

OFRENDA

"Y aconteció andando el tiempo, que Caín trajo del fruto de la tierra una ofrenda a Jehová. Y Abel trajo también de los primogénitos de sus ovejas, de lo más gordo de ellas. Y miró Jehová con agrado a Abel y a su ofrenda; pero no miró con agrado a Caín y a la ofrenda suya. Y se ensañó Caín en gran manera, y decayó su semblante. Entonces Jehová dijo a Caín: ¿Por qué te has ensañado, y por qué ha decaído tu semblante? Si bien hicieres, ¿no serás enaltecido? y si no hicieres bien, el pecado está a la puerta; con todo esto, a ti será su deseo, y tú te enseñorearás de él". **Génesis 4:3-7**

¿Sabía que Dios no acepta cualquier ofrenda? Cuando Abel trajo su ofrenda, dio lo mejor que tenía; mientras que Caín trajo algo para salir del paso. Al desechar Dios la ofrenda de Caín, le estaba dando la oportunidad de arrepentirse y hacer el bien; pero, en vez de arrepentirse, mató a su hermano por envidia y fue maldito por el resto de su vida. Quizá usted se pregunte, ¿será que yo le estoy dando a Dios solo por "cumplir" o porque verdaderamente lo amo y lo quiero honrar? Demos hoy nuestros diezmos y ofrendas a Dios con el mismo corazón con que lo hizo Abel.

LECCIÓN 33

¿De qué tenemos que arrepentirnos?

OBJETIVOS

- Aprender que todos tenemos algo de qué arrepentirnos
- Aprender por qué el arrepentimiento es vital

"Si se humillare mi pueblo, sobre el cual mi nombre es invocado, y oraren, y buscaren mi rostro, y se convirtieren de sus malos caminos; entonces yo oiré desde los cielos, y perdonaré sus pecados, y sanaré su tierra". **2 Crónicas 7:14**

¿Conoce personas que siempre están luchando con diferentes clases de problemas? Enfrentan conflictos en su matrimonio, con sus hijos, problemas financieros, de salud, sociales o mentales. La Escritura nos enseña que vivir bajo pecado, sin practicar un verdadero arrepentimiento, trae como resultado alejarnos de la presencia de Dios. Sin genuino arrepentimiento de pecados, la paz, la salud y la provisión de Dios no estarán accesibles.

¿DE QUÉ TENEMOS QUE ARREPENTIRNOS?

Según el versículo que leímos, el ser humano tiende a vivir lejos de Dios, independientes de Su voluntad y de lo que a Él le agrada. Necesitamos arrepentirnos de:

- No buscar Su presencia en oración
- No buscar Su rostro en todo momento
- Andar en nuestros malos caminos

Alguien puede preguntarse: ¿Cuáles son esos malos caminos?

"Porque el deseo de la carne es contra el Espíritu, y el del Espíritu es contra la carne; y estos se oponen entre sí, para que no hagáis lo que quisiereis". **Gálatas 5:17**

Los malos caminos son todas las obras de la carne que batallan con nuestro espíritu; son aquellos actos o prácticas que ofenden a Dios.

"Y manifiestas son las obras de la carne, que son: adulterio, fornicación, inmundicia, lascivia, idolatría, hechicerías, enemistades, pleitos, celos, iras, contiendas, disensiones, herejías, envidias, homicidios, borracheras, orgías, y cosas semejantes a estas; acerca de las cuales os amonesto, como ya os lo he dicho antes, que los que practican tales cosas no heredarán el reino de Dios". **Gálatas 5:19-21**

Todas estas actividades incluyen una fuerte compulsión por el pecado. Por ejemplo, Jesús dijo en **Mateo 5:28** que *"cualquiera que mira a una mujer para codiciarla, ya adulteró con ella en su corazón".* Toda elección deliberada de pecar, todo placer de pecado consumado es una obra de la carne.

¿A QUIÉNES RESISTE DIOS?

"Dios resiste a los soberbios, y da gracia a los humildes. Someteos, pues, a Dios; resistid al diablo, y huirá de vosotros". **Santiago 4:6-7**

Dios resiste a aquellas personas soberbias, orgullosas, arrogantes, que viven independientes de Él. Su presencia no está con ellas. Por eso viven en maldición, el cielo se cierra a sus oraciones, sus pecados no son perdonados, y su tierra está enferma.

¿CÓMO PODEMOS SER PERDONADOS?

"Si confesamos nuestros pecados, él es fiel y justo para perdonar nuestros pecados, y limpiarnos de toda maldad". **1 Juan 1:9**

Cuando confesamos nuestros pecados con un arrepentimiento genuino, y nos arrepentimos de vivir independientes de Dios, Jesús nos perdona, nos limpia de toda maldad, impureza y delito. Cuando hablamos de recibir el perdón de pecados, lo que queremos decir es que se activa el intercambio de la cruz. En el madero Jesús recibió la sentencia de muerte que nosotros merecíamos por nuestros delitos y pecados, y nos dio la vida eterna que Él merecía por vivir fiel a Dios y libre de pecado.

Sin arrepentimiento, Dios no está con nosotros; y donde Él no está, habita el enemigo de nuestras almas. Hoy es hora de quitarle todo derecho legal al enemigo. ¿Quiere arrepentirse de sus malos caminos para que Dios oiga sus oraciones, perdone sus pecados, y sane su tierra? ¡Hoy es el día!

PREGUNTAS

1. ¿De qué debemos arrepentirnos?
2. ¿A quiénes resiste Dios?
3. ¿Cómo podemos ser perdonados?

ACTIVACIÓN

- El líder hará el llamado a la salvación, guiando a las personas a reconocer que son pecadoras y a arrepentirse de sus pecados para recibir la vida eterna en Cristo Jesús.
- Llevará al grupo a arrepentirse de sus malos caminos, orando y buscando el rostro de Dios.
- Finalmente, orará por las necesidades de las personas y declarará sanidad y bendición sobre ellas.

OFRENDA

"Y el rey dijo a Arauna: No, sino por precio te lo compraré; porque no ofreceré a Jehová mi Dios holocaustos que no me cuesten nada. Entonces David compró la era y los bueyes por cincuenta siclos de plata. Y edificó allí David un altar a Jehová, y sacrificó holocaustos y ofrendas de paz; y Jehová oyó las súplicas de la tierra, y cesó la plaga en Israel". **2 Samuel 24:24-25**

Cuando una ofrenda no tiene valor para nosotros, tampoco lo tiene para Dios. Cuando le presentamos a Él nuestras ofrendas, el cielo se abre y Dios pone fin a toda temporada de escasez e inicia una nueva temporada de abundancia en nuestra vida. Presentemos hoy a Dios nuestros diezmos y ofrendas como sacrificio de adoración a Él.

LECCIÓN 34

¿Cómo somos perdonados?

OBJETIVOS

- Saber cómo podemos ser perdonados
- Aprender a perdonar a otros para ser perdonados

"Y perdónanos nuestras deudas, como también nosotros perdonamos a nuestros deudores".
Mateo 6:12

Hoy en día, en nuestra sociedad existen muchas personas que sufren graves problemas físicos, mentales y emocionales. En ocasiones, esos problemas tienen una causa natural, pero en muchas otras, son causados por una condición del corazón llamada "falta de perdón".

¿QUÉ ES EL PERDÓN?

El perdón es un acto de la gracia de Dios por medio del cual Él borra y olvida nuestras ofensas para siempre, y no nos hace responsables por los pecados que le hemos confesado. El perdón es también el acto voluntario por el cual una persona decide soltar (no guardar en su corazón) las ofensas o el rencor contra aquellos que le han hecho mal.

¿CUÁLES SON LOS RESULTADOS DEL PERDÓN?

El perdón trae como resultado que los creyentes restauren su relación personal con Dios y sean pasados de muerte a vida, a través del sacrificio de Jesús.

"Hijitos míos, estas cosas os escribo para que no pequéis; y si alguno hubiere pecado, abogado tenemos para con el Padre, a Jesucristo el justo".
1 Juan 2:1

En términos humanos, el perdón trae como resultado la restauración de las relaciones y el compañerismo con Dios.

¿CÓMO SOMOS PERDONADOS?

En la antigüedad, cada año se sacrificaba un macho cabrío para mostrar la necesidad del perdón por los pecados cometidos. Cuando la persona imponía sus manos sobre el sacrificio simbolizaba que se identificaba con el sacrificio. El perdón de Dios, canalizado a través de ese sacrificio, era un acto de misericordia dado libremente por el Señor. Pero este tipo de sacrificios no podía ofrecer un perdón de pecados para siempre. Por eso, terminó siendo apenas un símbolo de lo que sería el sacrificio perfecto de Jesús.

"Y ciertamente todo sacerdote está día tras día ministrando y ofreciendo muchas veces los mismos sacrificios, que nunca pueden quitar los pecados; pero Cristo, habiendo ofrecido una vez para siempre un solo sacrificio por los pecados, se ha sentado a la diestra de Dios". **Hebreos 10:11-12**

Hoy en día, solo a través del sacrificio de Jesús en la cruz se puede obtener el perdón de pecados, de una vez y para siempre. Jesús es el sacrificio perfecto. No fue ofrecido por ningún ser humano, sino por Dios mismo.

¿CUÁL ES EL REQUISITO PARA RECIBIR EL PERDÓN DE DIOS?

Un requisito para recibir el perdón de Dios es tener la voluntad de perdonar a los demás. En la oración del Padre Nuestro **(Lucas 11:4)** y en la parábola de los dos deudores **(Mateo 18:21-35)**, Jesús lo establece claramente: *"Mas si no perdonáis a los hombres sus ofensas, tampoco vuestro Padre os perdonará vuestras ofensas"* **(Mateo 6:15)**. Una persona que ha sido perdonada es una persona que perdona.

El perdón humano refleja la experiencia y comprensión del perdón divino que nace de Su inmenso amor por nosotros. El amor gobierna el perdón. En la cruz, Jesús nos demostró la profundidad de esta enseñanza al pedir perdón por Sus ejecutores **(vea Lucas 23:34)**.

¿Ha perdonado Dios sus pecados? ¿Quiere usted perdonar a quienes le han ofendido a fin de recibir el perdón de Dios por sus propios pecados y errores? Este es el momento de tomar la decisión de perdonar.

PREGUNTAS

1. ¿Qué es el perdón?
2. ¿Cuáles son los resultados del perdón?
3. ¿Cómo somos perdonados?

ACTIVACIÓN

- El líder hará el llamado a la salvación para que las personas nuevas puedan recibir perdón de pecados y salvación para su alma.
- Llevará al grupo a perdonar a quienes los han ofendido y, después, a pedir perdón a Dios por sus pecados.
- Finalmente, orará por las necesidades de las personas, y declarará sanidad y bendición sobre todos.

OFRENDA

"Indefectiblemente diezmarás todo el producto del grano que rindiere tu campo cada año. Y comerás delante de Jehová tu Dios en el lugar que él escogiere para poner allí su nombre […] para que aprendas a temer a Jehová tu Dios todos los días".
Deuteronomio 14:22-23

Presentar nuestros diezmos y ofrendas a Dios es reconocer que Él es nuestro proveedor. Para Israel dar los diezmos no era una opción sino una ley dada por Dios. Hoy nosotros damos por gracia. Cuando entregamos nuestras ofrendas mostramos temor a Dios. La palabra "temor", en el original, significa respeto, reverencia y honra. Honremos hoy a Dios con nuestros diezmos y ofrendas.

LECCIÓN 35

Dios nos manda a arrepentirnos

OBJETIVO

- Prepararnos para salir a evangelizar

"Pero Dios, habiendo pasado por alto los tiempos de esta ignorancia, ahora manda a todos los hombres en todo lugar, que se arrepientan". **Hechos 17:30**

El arrepentimiento es la manera de establecer una relación con Dios. Por eso, el Señor quiere que todos nos arrepintamos, para que ninguno perezca, sino que tengamos vida eterna en Él. Dios nos salvó de la muerte eterna, enviando a alguien que nos predicara las buenas nuevas de Jesucristo. Esto nos llevó al arrepentimiento y por eso, hoy, tenemos paz, gozo y vida eterna. Ahora hay mucha gente en tristeza, depresión, confusión y con necesidad de Dios. Hoy nos toca a nosotros llevarle a esa gente, las buenas nuevas de la salvación.

ACTIVACIÓN

- Si hay una persona nueva en la Casa de Paz, el líder hará el llamado a la salvación y guiará a esa persona a hacer la oración de fe.
- Luego, orará por el grupo que saldrá a evangelizar, para que tengan citas divinas de parte del Señor, y haya salvaciones.
- Finalmente, el grupo orará por la salvación de las almas.

OFRENDA

"Y sabéis también vosotros, oh filipenses, que al principio de la predicación del evangelio, cuando partí de Macedonia, ninguna iglesia participó conmigo en razón de dar y recibir, sino vosotros solos; pues aún a Tesalónica me enviasteis una y otra vez para mis necesidades. No es que busque dádivas, sino que busco fruto que abunde en vuestra cuenta".
Filipenses 4:15-17

El evangelio del Reino avanza cuando hay personas dispuestas a financiarlo. La iglesia en Filipos le enviaba ofrendas al apóstol Pablo, lo cual le permitía predicar en muchos lugares. Igualmente, hoy, el Reino avanza cuando hay un pueblo dispuesto a diezmar y ofrendar para que eso suceda. Presentemos nuestros diezmos y ofrendas al Señor.

EVANGELISMO:
Al final de esta lección, por favor dedique tiempo para salir por el vecindario a ganar almas. Vaya con todos los miembros de su Casa de Paz.

Bienvenida y Anuncios	5 Minutos
Diezmos y Ofrendas	10 Minutos
Enseñanza	10 Minutos
Salida Evangelistica o Koinonia	1 Hora

LECCIÓN 36

El juicio de Dios

OBJETIVO

- Aprender que Dios es amor, pero también es juez que juzga el pecado

"Porque Jehová es nuestro juez, Jehová es nuestro legislador, Jehová es nuestro Rey; él mismo nos salvará". **Isaías 33:22**

Mucha gente cree que no sufrirá las consecuencias de sus pecados. Otros creen que Dios es demasiado amoroso y bueno que no permitirá que nadie sea castigado debido al pecado. Por lo tanto, es importante que sepamos lo que dice la Biblia con respecto al pecado. La Palabra de Dios es clara acerca del hecho de que Dios es amor **(1 Juan 4:7-10)**, y que todo lo que Él hace se origina en el amor. Sin embargo, Su amor no cambia el hecho de que Él también es un Dios que juzga el pecado y la maldad con justicia perfecta.

¿QUIÉN ES UN JUEZ?

Un juez es aquel que tiene la responsabilidad de declarar a alguien culpable o inocente de una acusación. En el ámbito natural, las personas pueden ser acusadas de un crimen, pero, luego, tienen que ir a un juez para determinar si son culpables o inocentes. Además, los jueces determinan cuál debe ser el castigo para aquellos que son declarados culpables. En una corte de justicia, siempre está el acusado, el acusador, el defensor y un juez. El acusador y el acusado presentan evidencias al juez, quien decide si el acusado es culpable o no.

Mientras en el mundo natural los jueces dan su veredicto basados en la información presentada ante ellos, esto no sucede en el mundo espiritual. Allí, el juez lo sabe todo y es perfectamente justo, porque el juez es Dios.

DIOS ES UN JUEZ

"Y los cielos declararán su justicia, porque Dios es el juez". **Salmos 50:6**

La Biblia nos enseña que Dios es juez y que Él es Santo, sin pecado. Esa es la razón por la cual puede juzgar nuestro pecado y demandarnos santidad.

"Sino, como aquel que os llamó es santo, sed también vosotros santos en toda vuestra manera de vivir; porque escrito está: Sed santos, porque yo soy santo". **1 Pedro 1:15-16**

A diferencia de los jueces terrenales, Dios es omnisciente (todo lo sabe) y nada puede esconderse de Él. Esto significa que Dios ya tiene las evidencias de nuestro pecado.

"Y no hay cosa creada que no sea manifiesta en su presencia; antes bien todas las cosas están desnudas y abiertas a los ojos de aquel a quien tenemos que dar cuenta". **Hebreos 4:13**

Así que, todos debemos darle cuentas a Dios de nuestras acciones, pensamientos, palabras y deseos.

NOSOTROS SOMOS LOS ACUSADOS

La Biblia confirma que todos hemos pecado **(Romanos 3:23)**, que aún nuestras buenas obras están manchadas, y que son como trapo de inmundicia delante de Él **(Isaías 64:6)**. Por lo tanto, tenemos un problema legal ante Dios, porque nuestro pecado nos hace culpables, y Dios tiene toda la evidencia en nuestra contra.

"Oíd palabra de Jehová, hijos de Israel, porque Jehová contiende con los moradores de la tierra; porque no hay verdad, ni misericordia, ni conocimiento de Dios en la tierra". **Oseas 4:1**

NUESTRO VEREDICTO Y CASTIGO

Cuando somos juzgados por el pecado, somos encontrados culpables. El castigo del pecado es una separación eterna de Dios, en el lago de fuego. No hay purgatorio ni forma de salir de ese lugar.

"Porque la paga del pecado es muerte, mas la dádiva de Dios es vida eterna en Cristo Jesús Señor nuestro". **Romanos 6:23**

DIOS NOS OFRECE UNA SALIDA

¿Hay alguna salida de este juicio? ¡Sí! Dios mismo decidió mostrarnos un misericordioso escape a través de Jesús. No tendríamos ninguna esperanza de escapar del castigo del pecado, a no ser porque Dios, que es amor, nos amó primero **(1 Juan 4:19)**; y siendo aún pecadores, demostró Su amor por nosotros enviando a Su Hijo, Jesús, a morir para pagar la pena por nuestros pecados. Jesús, quien nunca había pecado, sufrió en la cruz para pagar por el pecado de todo aquel que crea en Él.

"Porque también Cristo padeció una sola vez por los pecados, el justo por los injustos, para llevarnos a Dios, siendo a la verdad muerto en la carne, pero vivificado en espíritu". **1 Pedro 3:18**

Aquellos que creen en Él reciben salvación, perdón de pecados, y más aún, una vida abundante **(Juan 10:10)** y eterna con Él **(Juan 3:16)**. Dios hizo Su parte; ahora, es nuestro turno de recibir Su regalo de salvación.

PREGUNTAS

1. ¿Se puede engañar a los jueces terrenales?
2. ¿Se puede engañar a Dios?
3. ¿Cuál es el castigo del pecado?
4. ¿Cuál es la salida que Dios nos ofrece?

ACTIVACIÓN

- El líder hará el llamado a la salvación.
- Luego, orará por las necesidades de la gente.

OFRENDA

"Pero ahora, en la consumación de los siglos, [Jesús] se presentó una vez para siempre por el sacrificio de sí mismo para quitar de en medio el pecado". **Hebreos 9:26** (Énfasis agregado)

Nuestra salvación requirió el mayor sacrificio de todos los tiempos, el sacrificio del Hijo de Dios. Nuestra parte es responder a ese sacrificio recibiéndolo y ofreciéndonos nosotros mismos a Él. Parte de eso es honrarlo con nuestros diezmos y ofrendas.

LECCIÓN 37

El juicio del creyente

OBJETIVOS

- Aprender que todo nuestro servicio a Dios será probado
- Aprender que debemos hacer bien las cosas y en la temporada correcta, para ganar recompensas eternas

"Porque es necesario que todos nosotros comparezcamos ante el tribunal de Cristo, para que cada uno reciba según lo que haya hecho mientras estaba en el cuerpo, sea bueno o sea malo". **2 Corintios 5:100**

Los atletas que compiten en juegos, como las Olimpiadas, reciben premios basados en lo bien que compitan. De manera similar, la Biblia enseña que Dios juzgará las obras de cada creyente después de la muerte, para determinar qué tan bueno o malo fue nuestro servicio a Él, mientras estábamos en la tierra.

"De manera que cada uno de nosotros dará a Dios cuenta de sí". **Romanos 14:12**

Los creyentes serán juzgados en el tribunal de Cristo. Cada uno de nosotros debe dar cuenta de su vida ante Dios. Este juicio no es para determinar si vamos al cielo o al infierno. Eso lo determinamos nosotros por nuestra decisión de aceptar o rechazar a Jesucristo como nuestro Salvador (Efesios 2:8-9). Jesús murió en la cruz por los pecados de toda la raza humana. Dado que toda persona ha pecado, la única manera de ser perdonado y liberado del infierno es recibiendo a Jesús como nuestro Salvador personal. La Biblia dice que no hay condenación para aquellos que están en Cristo Jesús (Romanos 8:1). Por lo tanto, si bien no seremos juzgados por nuestro pecado, habrá un juicio por nuestro servicio a Dios durante nuestra vida, con el propósito de asignarnos recompensas eternas.

"Porque nadie puede poner otro fundamento que el que está puesto, el cual es Jesucristo. Y si sobre este fundamento alguno edificare oro, plata, piedras preciosas, madera, heno, hojarasca, la obra de cada uno se hará manifiesta; porque el día la declarará, pues por el fuego será revelada; y la obra de cada uno cuál sea, el fuego la probará. Si permaneciere la obra de alguno que sobreedificó, recibirá recompensa. Si la obra de alguno se quemare, él sufrirá pérdida, si bien él mismo será salvo, aunque así como por fuego". **1 Corintios 3:11-15**

¿QUÉ CONSIDERARÁ EL SEÑOR CUANDO JUZGUE NUESTRAS OBRAS?

Cuando Dios juzgue nuestra vida, examinará las intenciones y motivaciones de nuestro corazón. Mucha gente trata de "comprar" el favor de Dios o de la gente haciendo "buenas obras". Por ejemplo, alguien rico puede dar dinero para edificar un hospital o alimentar a los pobres. Si bien ambas son buenas obras, la pregunta es ¿por qué lo hacen? ¿Es para deducir impuestos? ¿Es para verse bien y mejorar su reputación? En esos casos, la motivación es equivocada. Dios considera eso como una obra muerta. La Biblia compara esas obras muertas con la madera, el heno o la paja, que se queman al exponerlas al fuego. Cuando Dios juzga las obras muertas, el creyente no recibe recompensa alguna.

En contraste con las obras muertas, todo aquello que se haga con la intención correcta, para la gloria de Dios, se convierte en una obra que agrada a Dios. Las Escrituras comparan esas buenas obras con el oro, la plata y las piedras preciosas. Las mismas serán recompensadas, ya sea que las personas en la tierra las hayan valorado o no. Por lo tanto, debemos estar seguros, no solo de hacer lo correcto, sino también de buscar hacerlo con las intenciones y motivaciones correctas.

¿CÓMO GANAR RECOMPENSAS EN EL TRIBUNAL DE CRISTO?

Hay dos cosas que podemos hacer para asegurarnos que nuestras obras de servicio a Dios serán recompensadas, ya que nos llevarán a hacer todo con las intenciones y motivaciones correctas. Primero, debemos hacer todo en el nombre de Jesús.

"Y todo lo que hacéis, sea de palabra o de hecho, hacedlo todo en el nombre del Señor Jesús, dando gracias a Dios Padre por medio de él". **Colosenses 3:17**

Segundo, debemos hacer todo para la gloria de Dios.

"Si, pues, coméis o bebéis, o hacéis otra cosa, hacedlo todo para la gloria de Dios". **1 Corintios 10:31**

Como los atletas, que reciben premios basados en su rendimiento, los creyentes serán juzgados en el tribunal de Cristo para determinar cuál será su recompensa por sus buenas obras de servicio a Dios. Pidámosle al Espíritu Santo que purifique nuestros corazones y nos empodere para comenzar a hacer todo en el nombre de Jesús y para la gloria de Dios, de modo que podamos recibir recompensas eternas cuando el Señor nos llame a rendir cuentas por nuestras obras.

Sin embargo, esto aplica solo a aquellos que han recibido a Jesús como su Salvador. No existe buena obra que pueda sustituir el sacrificio de Jesucristo para perdonar nuestros pecados. Le pregunto: ¿Ha perdonado Jesucristo sus pecados? ¿Ha recibido usted a Cristo como su Señor y salvador? Si lo hizo, sigamos produciendo buenas obras que agraden a Dios. Si no lo ha hecho, éste es el momento de entregarle su vida a Él.

PREGUNTAS

1. ¿Dónde serán juzgados los creyentes?
2. Los creyentes, ¿son juzgados para determinar si van al cielo o para determinar su recompensa?
3. Las buenas obras, ¿pueden sustituir el sacrificio de Jesús?

ACTIVACIÓN

- El líder hará el llamado a la salvación.
- Las personas meditarán sobre sus obras y le pedirán al Espíritu Santo que les revele la intención de sus corazones. El líder deberá guiarlas a arrepentirse por cualquier obra muerta.
- Luego, orará por las necesidades de la gente.

OFRENDA

"Entonces llamando a sus discípulos, les dijo: De cierto os digo que esta viuda pobre echó más que todos los que han echado en el arca; porque todos han echado de lo que les sobra; pero esta, de su pobreza echó todo lo que tenía, todo su sustento". **Marcos 12:43-44**

Aquí, la lección para nosotros es que Dios juzga nuestras ofrendas de acuerdo con nuestro corazón, no por la cantidad que damos. Demos a Dios nuestros diezmos y ofrendas, no de lo que nos sobra, sino de acuerdo con todo lo que Él nos ha bendecido..

LECCIÓN 38

El juicio de los incrédulos

OBJETIVO

- Aprender que los incrédulos serán juzgados por sus obras y por rechazar a Jesús

"Te encarezco delante de Dios y del Señor Jesucristo, que juzgará a los vivos y a los muertos en su manifestación y en su reino". **2 Timoteo 4:1**

Dios es el juez del universo y juzgará a cada persona. Su perfecta santidad no puede tolerar el pecado. La palabra "pecado" puede definirse como "apartarse, errar, equivocarse, errar al blanco". La Biblia confirma que todos hemos pecado **(Romanos 3:23)**. Sea con el pensamiento, palabra, acción o, incluso, por un error, Dios juzgará cada uno de esos actos de pecado. Además, cuando sabemos hacer lo correcto y no lo hacemos, también es contado como pecado **(Santiago 4:17)**. Más aún, la Biblia confirma que:

"Sabiendo que el hombre no es justificado por las obras de la ley, sino por la fe de Jesucristo, nosotros también hemos creído en Jesucristo, para ser justificados por la fe de Cristo y no por las obras de la ley, por cuanto por las obras de la ley nadie será justificado". **Gálatas 2:16**

Esto significa que ninguna cantidad de buenas obras o intentos de ser buenas personas y agradar a Dios son suficientes para expiar el pecado. Es imposible que alguien alcance el estándar de perfección de Dios en rectitud o justicia. Ante el juicio de Dios nada de lo que hayamos hecho, por bueno que parezca, podrá compararse con Su propia Santidad. Por lo tanto, todos somos culpables de pecado, y el pecado nos separa de Dios.

"Pero vuestras iniquidades han hecho división entre vosotros y vuestro Dios, y vuestros pecados han hecho ocultar de vosotros su rostro para no oír". **Isaías 59:2**

Sin embargo, gracias al gran amor y misericordia de Dios, la pena por todos los pecados de la humanidad fue puesta sobre Jesucristo, para que nosotros podamos ser justificados en Él y no seamos separados eternamente de Dios.

"Al que no conoció pecado, por nosotros lo hizo pecado, para que nosotros fuésemos hechos justicia de Dios en él". **2 Corintios 5:21**

Solo el sacrificio perfecto de Jesús paga la pena del pecado ante Dios, el juez justo. No hay otro camino ni nombre por el cual el hombre pueda ser salvo **(Hechos 4:12)**. Pero aquellos que rechazan a Jesús serán juzgados por Dios ante el Gran Trono Blanco, por dos cosas. Serán juzgados por las obras pecaminosas que hayan cometido durante su vida en la tierra, y serán hallados culpables porque Dios sabe y ve todas las cosas **(Hebreos 4:13)**. Además, aquellos incrédulos serán juzgados por haber rechazado a Jesús **(Juan 12:48)**, y serán sentenciados a un castigo eterno en el Lago de Fuego.

"El que me rechaza, y no recibe mis palabras, tiene quien le juzgue; la palabra que he hablado, ella le juzgará en el día postrero". **Juan 12:48**

EL JUICIO ANTE EL GRAN TRONO BLANCO

"Y vi un gran trono blanco y al que estaba sentado en él, de delante del cual huyeron la tierra y el cielo, y ningún lugar se encontró para ellos. Y vi a los muertos, grandes y pequeños, de pie ante Dios; y los libros fueron abiertos, y otro libro fue abierto, el cual es el libro de la vida; y fueron juzgados los muertos por las cosas que estaban escritas en los libros, según sus obras. Y el mar entregó los muertos que había en él; y la muerte y el Hades entregaron los muertos que había en ellos; y fueron juzgados cada uno según sus obras. Y la muerte y el Hades fueron lanzados al lago de fuego. Esta es la muerte segunda. Y el que no se halló inscrito en el libro de la vida fue lanzado al lago de fuego". **Apocalipsis 20:11-15**

Los incrédulos serán juzgados ante el Gran Trono Blanco. Todo aquel que haya rechazado la oferta misericordiosa de Dios para pagar por sus pecados a través de Jesús será juzgado. Al rechazar a Jesús mientras estaban en la tierra, inmediatamente son culpables, y serán condenados al castigo eterno en el Lago de Fuego. Este juicio será perfectamente justo, ya que los incrédulos serán juzgados *"por las cosas que estaban escritas en los libros, según sus obras".* Toda la evidencia de su pecado estará clara. En aquel día, solo habrá condenación eterna y castigo para aquellos incrédulos.

Estos versículos confirman que nadie "merece" el cielo; tampoco puede nadie hacer suficientes buenas obras para ganarlo. Sin embargo, sí mencionan una salida: Tener el nombre escrito en el Libro de la Vida. Éste es un libro que contiene el nombre de cada creyente. Aquellos que confiaron en Dios, en el Antiguo Testamento, y todos los que recibieron a Cristo una vez que fue revelado en el Nuevo Testamento. Y su nombre, ¿está escrito en el Libro de la Vida, o será juzgado como incrédulo?

PREGUNTAS

1. ¿Cómo se define la palabra "pecado"?
2. ¿Es posible que alguien alcance el estándar de perfección de Dios por sí mismo?
3. ¿Cuáles son los dos grandes pecados por lo que será juzgado el incrédulo?

ACTIVACIÓN

- El líder hará el llamado a la salvación.
- Luego orará por las necesidades de la gente.

OFRENDA

"No os afanéis, pues, diciendo: ¿Qué comeremos, o qué beberemos, o qué vestiremos? Porque los gentiles buscan todas estas cosas; pero vuestro Padre celestial sabe que tenéis necesidad de todas estas cosas. Mas buscad primeramente el reino de Dios y su justicia, y todas estas cosas os serán añadidas".
Mateo 6:31-33

Todos tenemos necesidades; la pregunta es en quién confiamos para suplirlas. Aquellos que no tienen a Dios son "gentiles". Ellos confían en sí mismos, pero el pueblo de Dios busca la fuente, que es Dios mismo. Cuando usted tiene la fuente, tiene a Aquel que provee para todas sus necesidades. Vamos a confiar en Dios y buscar, primero, Su reino, trayendo nuestros diezmos y ofrendas.

LECCIÓN 39

Somos el cuerpo de Cristo

OBJETIVO

- Aprender a ministrar a nuestros hermanos en la iglesia y en las Casas de Paz, con los dones que Dios nos ha dado

"Vosotros, pues, sois el cuerpo de Cristo, y miembros cada uno en particular. Y a unos puso Dios en la iglesia, primeramente apóstoles, luego profetas, lo tercero maestros, luego los que hacen milagros, después los que sanan, los que ayudan, los que administran, los que tienen don de lenguas". **1 Corintios 12:27-28**

En 1 Corintios 12, la Biblia habla de cada uno de nosotros como parte del cuerpo de Cristo; y dice que todos tenemos dones de Dios para servirnos mutuamente.

"Ahora bien, hay diversidad de dones, pero el Espíritu es el mismo. Y hay diversidad de ministerios, pero el Señor es el mismo. Y hay diversidad de operaciones, pero Dios, que hace todas las cosas en todos, es el mismo. Pero a cada uno le es dada la manifestación del Espíritu para provecho". **1 Corintios 12:4-7**

Más adelante, en este capítulo, las Escrituras usan la metáfora de un cuerpo humano, el cual tiene muchas partes y órganos, pero todos juntos hacen un solo cuerpo.

"Vosotros, pues, sois el cuerpo de Cristo, y miembros cada uno en particular". **1 Corintios 12:27**

El cuerpo humano no puede funcionar apropiadamente si los órganos están desconectados de él. Cuando nos reunimos, Dios puede usarnos con nuestras capacidades y dones específicos para ministrarnos unos a otros. ¿Tiene alguien una necesidad? Debemos hablarlo con nuestros hermanos y hermanas, ya que ellos pueden tener una solución de Dios para nuestra vida.

PREGUNTAS

1. ¿Tienen todos los creyentes un don de Dios?
2. ¿Ha usado usted sus dones para beneficiar a otros?

ACTIVACIÓN

- El líder hará el llamado a la salvación.
- Luego, orará por las necesidades de la gente.
- Finalmente, todo el grupo pasará un tiempo juntos y compartirá sus necesidades y dones para ministrarse unos a otros.

OFRENDA

"Porque habrá simiente de paz; la vid dará su fruto, y dará su producto la tierra, y los cielos darán su rocío;

y haré que el remanente de este pueblo posea todo esto". **Zacarías 8:12**

La economía del Antiguo Testamento estaba basada en la agricultura. El pueblo confiaba en Dios para regar los campos y que sus siembras fueran fructíferas. Hoy, para nosotros, la provisión de Dios viene por bendecir nuestro trabajo, nuestro negocio y contratos. Traigamos un sacrificio de nuestra labor a Dios, a través de nuestros diezmos y ofrendas, confiando que Él bendecirá nuestras finanzas.

KOINONÍA:
Al final de esta lección, por favor tenga un tiempo de confraternidad con todos los miembros de su Casa de Paz. Por ejemplo: compartan un café o hagan una actividad para romper el hielo, etc.

Bienvenida y Anuncios	5 Minutos
Diezmos y Ofrendas	10 Minutos
Enseñanza	10 Minutos
Salida Evangelística o Koinonia	1 Hora

LECCIÓN 40

¿Existen el cielo y el infierno?

OBJETIVOS

- Reconocer la existencia del cielo y el infierno
- Entender que Jesús es el único camino al Cielo

"He aquí, de Jehová tu Dios son los cielos, y los cielos de los cielos, la tierra, y todas las cosas que hay en ella". **Deuteronomio 10:14**

¿Qué sucede después que morimos? ¿Hay un cielo o un infierno donde la gente va? Si es así, ¿cómo podemos estar seguros de que iremos al cielo?

Hay muchas opiniones acerca de la existencia del cielo y el infierno, y de cómo son. Incluso, hay quienes creen que ninguno de los dos existe. Otros dicen que el cielo y el infierno están aquí, en la tierra. Otros creen que no hay infierno, y que todos iremos al cielo. Por lo tanto, es importante que sepamos lo que enseña la Biblia —la única fuente de la verdad— acerca de este tema. Si el cielo y el infierno son lugares reales, necesitamos asegurarnos de que iremos al cielo.

¿QUÉ DICE LA BIBLIA ACERCA DEL CIELO?

Antes de ser crucificado, Cristo compartió una comida con Sus discípulos donde les dijo que estaría con ellos, en la tierra, por poco tiempo más. Sus discípulos se preocuparon por lo que Su amado maestro les estaba diciendo. Sin embargo, Él les aseguró que iría al cielo a preparar lugar para ellos, porque allí se reunirían.

"No se turbe vuestro corazón; creéis en Dios, creed también en mí. En la casa de mi Padre muchas moradas hay; si así no fuera, yo os lo hubiera dicho; voy, pues, a preparar lugar para vosotros. Y si me fuere y os preparare lugar, vendré otra vez, y os tomaré a mí mismo, para que donde yo estoy, vosotros también estéis". **Juan 14:1-3**

Jesús llamó "cielo" a la casa de Su Padre, desde donde Dios mira a toda la gente de la tierra, deseando tener relación con ella.

"Jehová miró desde los cielos sobre los hijos de los hombres, para ver si había algún entendido, que buscara a Dios". **Salmos 14:2**

El cielo es un lugar real; es el lugar donde Dios habita. Por lo tanto, allí hay gozo, vida, alabanza y adoración. No es un lugar en la tierra, ni está en el ámbito material. Es un lugar espiritual. Aquellos que mueren en Cristo, irán al cielo hasta que Jesús regrese a la tierra a establecer Su reino terrenal. Entonces, aquellos en el cielo, regresarán a la tierra a gobernar y reinar con Él por la eternidad.

¿QUÉ DICE LA BIBLIA ACERCA DEL INFIERNO?

La Biblia enseña que el infierno también es un lugar real, de castigo y separación de Dios.

"Y si tu ojo te fuere ocasión de caer, sácalo; mejor te es entrar en el reino de Dios con un ojo, que teniendo dos ojos ser echado al infierno, donde el gusano de ellos no muere, y el fuego nunca se apaga".
Marcos 9:47-48

El infierno no es la mala vida en la tierra, ni es parte de este ámbito material. Es un ámbito espiritual donde hay desesperanza, desesperación, sufrimiento, tormento y una eternidad sin Dios. Todos los que mueren sin recibir el don de la salvación de Jesús terminan en el infierno. Si bien este lugar fue creado para el diablo y sus demonios —no para los seres humanos— también se convierte en el destino final de aquellos que han rechazado al Hijo de Dios.

"Entonces dirá también a los de la izquierda: Apartaos de mí, malditos, al fuego eterno preparado para el diablo y sus ángeles". **Mateo 25:41**

Dios desea que la humanidad esté en el cielo con Él, no en el infierno.

¿CÓMO PUEDO ESTAR SEGURO QUE IRÉ AL CIELO?

La Biblia enseña claramente que hay un cielo y un infierno. Esos son los únicos dos lugares donde un ser humano puede ir cuando muere. Todos hemos pecado; esto hace que nuestro destino al morir sea el infierno, a menos que aceptemos la amorosa oferta de Dios de darnos Su perdón, el cual está disponible solo a través de Su Hijo Jesucristo.

"Como el Hijo del Hombre no vino para ser servido, sino para servir, y para dar su vida en rescate por muchos". **Mateo 20:28**

Jesús es el único camino para ir al cielo a estar con el Padre. Tome hoy la decisión de darle su vida a Él. Luego, comprometa su vida a enseñarles a otros el camino al cielo, a través de una relación con Cristo Jesús.

"Yo soy el camino, y la verdad, y la vida; nadie viene al Padre, sino por mí". **Juan 14:6**

PREGUNTAS

1. ¿Qué dice la Biblia acerca del cielo?
2. ¿Qué dice la Biblia acerca del infierno?
3. ¿Está seguro de que al morir irá al cielo con el Padre?

ACTIVACIÓN

- El líder hará el llamado a la salvación.
- Guiará al grupo a renunciar a toda creencia, no bíblica, acerca del cielo y el infierno.
- Orará para que el Espíritu Santo afirme la Palabra en sus corazones, para que reciban la firme convicción de las enseñanzas bíblicas acerca del cielo y el infierno, y de que Jesús es el único camino al cielo.
- Finalmente, guiará al grupo a comprometerse a mostrarles a otras personas el camino al cielo, a través de Jesucristo.

OFRENDA

"No os hagáis tesoros en la tierra, donde la polilla y el orín corrompen, y donde ladrones minan y hurtan; sino haceos tesoros en el cielo, donde ni la polilla ni el orín corrompen, y donde ladrones no minan ni hurtan". **Mateo 6:19-20**

Si bien necesitamos el dinero para vivir en la tierra, también podemos usarlo para hacer tesoros en el cielo. Cada vez que usamos nuestro dinero (diezmos y ofrendas) para propósitos del reino de Dios, es como si el cielo nos extendiera un crédito. Cuando su ofrenda es recibida en el cielo, puede estar seguro de que nunca se perderá ni será robada. ¿Quiere que su cuenta en el cielo crezca? ¿Quiere extender el reino de Dios en la tierra? Demos hoy nuestros diezmos y ofrendas.

LECCIÓN 41

¿Qué dice la Biblia acerca del infierno?

OBJETIVOS

- Entender que el infierno es un lugar real
- Conocer el único medio para evitar ir al infierno

"E irán estos al castigo eterno, y los justos a la vida eterna". **Mateo 25:46**

La Biblia enseña que el infierno es tan real como el cielo. Jesús habló más del infierno que del cielo, para advertirnos de ese terrible lugar. En esta lección aprenderemos acerca del infierno, y cómo evitar ir a ese lugar.

¿QUÉ DICE LA BIBLIA ACERCA DEL INFIERNO?

Jesús relata la historia de un hombre rico que fue al infierno.

"Aconteció que murió el mendigo, y fue llevado por los ángeles al seno de Abraham; y murió también el rico, y fue sepultado. Y en el Hades alzó sus ojos, estando en tormentos, y vio de lejos a Abraham, y a Lázaro en su seno. Entonces él, dando voces, dijo: Padre Abraham, ten misericordia de mí, y envía a Lázaro para que moje la punta de su dedo en agua, y refresque mi lengua; porque estoy atormentado en esta llama. Entonces le dijo: Te ruego, pues, padre, que le envíes a la casa de mi padre, porque tengo cinco hermanos, para que les testifique, a fin de que no vengan ellos también a este lugar de tormento". **Lucas 16:22-24, 27-28**

La Biblia describe el infierno como un lugar de fuego y tormento eterno. ¿Alguna vez ha sufrido alguna pequeña quemadura? ¿Cuánto le dolió? Imagínese estar en el fuego continuamente, sin descanso. Así es el infierno. Pero eso no es todo, porque si el infierno ya es malo, los que estén allí serán echados a un lugar llamado lago de fuego.

"Y la muerte y el Hades fueron lanzados al lago de fuego. Esta es la muerte segunda. Y el que no se halló inscrito en el libro de la vida fue lanzado al lago de fuego". **Apocalipsis 20:14-15**

El lago de fuego es un lugar de castigo eterno y es el destino final para aquellos que han rechazado a Jesús, el Hijo de Dios.

1. El lago de fuego fue hecho para satanás y sus demonios

"Entonces dirá también a los de la izquierda: Apartaos de mí, malditos, al fuego eterno preparado para el diablo y sus ángeles". **Mateo 25:41**

2. Allí serán castigados los que rechazan a Jesús

"Enviará el Hijo del Hombre a sus ángeles, y recogerán de su reino a todos los que sirven de tropiezo, y a los que hacen iniquidad [...] y los

echarán en el horno de fuego; allí será el lloro y el crujir de dientes". **Mateo 13:41, 50**

3. No hay posibilidad de salir del lago de fuego

"Él también beberá del vino de la ira de Dios, que ha sido vaciado puro en el cáliz de su ira; y será atormentado con fuego y azufre delante de los santos ángeles y del Cordero; y el humo de su tormento sube por los siglos de los siglos. Y no tienen reposo de día ni de noche los que adoran a la bestia y a su imagen, ni nadie que reciba la marca de su nombre". **Apocalipsis 14:10-11**

El castigo en el lago de fuego es eterno. También será eterna la vida que Jesús ofrece a quienes se arrepienten de su pecado y confían en Él. Muchos creen que el cielo es para aquellos que son "buenos", y que el infierno es para la gente "mala". Sin embargo, la Biblia enseña que *"Todos se desviaron, a una se han corrompido; no hay quien haga lo bueno, no hay ni siquiera uno"* **(Salmos 14:3)**; por lo tanto, todos merecemos el infierno, ser juzgados y pasar la eternidad en el lago de fuego.

¿CÓMO EVITAR EL INFIERNO Y EL LAGO DE FUEGO?

"Y en ningún otro hay salvación; porque no hay otro nombre bajo el cielo, dado a los hombres, en que podamos ser salvos". **Hechos 4:12**

Dios ha provisto un solo camino para evitar ir al infierno: Su Hijo, Jesucristo.

Muchos creen que, un día, en el futuro, tendrán la oportunidad de ponerse a cuentas con Dios y cambiar su vida. Sin embargo, ese día puede ser hoy, porque nadie sabe cuándo terminará su existencia en la tierra. La decisión de dónde pasar la eternidad es demasiado importante como para tomarla livianamente. Antes de irse de esta reunión examine su vida. Una vez en el infierno, no hay manera de escapar. No existe buena obra que evite que vayamos al infierno, porque todos hemos nacido en pecado y somos pecadores. El único forma de evitar ir a ese lugar de tormento y recibir vida eterna, es arrepentirnos de nuestros pecados y confesar a Jesús como nuestro Señor y Salvador.

PREGUNTAS

1. ¿Para quiénes fue hecho el lago de fuego?
2. ¿Cómo podemos evitar ir al infierno y al lago de fuego por toda la eternidad?

ACTIVACIÓN

- El líder hará el llamado a la salvación y a la reconciliación con Dios.
- Orará por las necesidades de la gente.
- Guiará a los asistentes en una oración de intercesión por los familiares y amigos que aún no son salvos.
- Finalmente, animará a los asistentes a hablar de esta lección con otras personas.

OFRENDA

"¿Qué pagaré a Jehová por todos sus beneficios para conmigo? Tomaré la copa de la salvación e invocaré el nombre de Jehová. Ahora pagaré mis votos a Jehová delante de todo su pueblo". Salmos 116:12-14

No hay manera como podamos pagarle a Dios por la salvación. Todo lo que podemos hacer es recibirla y proclamar el santo nombre del Señor. Honrémoslo hoy con nuestros diezmos y ofrendas y démosle gracias por la salvación.

LECCIÓN 42

¿Cómo es el cielo?

OBJETIVOS

- Aprender acerca del cielo tal como lo explica la Biblia
- Aprender a experimentar el cielo, aquí en la tierra

"Antes bien, como está escrito: Cosas que ojo no vio, ni oído oyó, ni han subido en corazón de hombre, son las que Dios ha preparado para los que le aman". **1 Corintios 2:9**

En algún momento todos nos hemos preguntado cómo será el cielo y hasta hemos imaginado diferentes cosas acerca de él. La Biblia enseña que el cielo es un lugar real. ¡Lo que Dios ha preparado para nosotros va por encima y más allá de lo que podemos imaginar!

¿QUÉ DICE LA BIBLIA ACERCA DEL CIELO?

1. Es el lugar donde Dios habita

Si bien es cierto que Dios está en todo lugar, Él habita en el cielo más alto y Su trono está en "los cielos de los cielos" (Deuteronomio 10:14). Es un lugar en el ámbito espiritual conocido como el "tercer cielo" **(2 Corintios 12:2)**. Ese es el cielo que Dios tiene preparado para nosotros, al cual solo se puede acceder a través de Jesucristo. El tercer cielo está ubicado por encima del primer cielo que es el que vemos, y del segundo cielo que es el espacio.

2. Es un lugar donde no habrá más lágrimas, dolor, angustia o muerte

"Enjugará Dios toda lágrima de los ojos de ellos; y ya no habrá muerte, ni habrá más llanto, ni clamor, ni dolor; porque las primeras cosas pasaron". **Apocalipsis 21:4**

El cielo es un lugar que deberíamos anhelar. Ahí no encontramos ninguna de las consecuencias del pecado, como enfermedad, dolor, tristeza y muerte. En el cielo, estaremos con Dios en perfecta paz.

3. Es donde, finalmente, veremos a Jesús cara a cara

"Amados, ahora somos hijos de Dios, y aún no se ha manifestado lo que hemos de ser; pero sabemos que cuando él se manifieste, seremos semejantes a él, porque le veremos tal como él es". **1 Juan 3:2**

Ahora, Jesús está en el cielo, sentado a la diestra del Padre **(1 Pedro 3:22)**. Cuando vayamos allá, finalmente podremos verlo, cara a cara, y estar con Él por la eternidad.

¿CÓMO PUEDE UNA PERSONA IR AL CIELO?

¡El cielo es un lugar maravilloso! Dios desea que todos estemos allí con Él por la eternidad. Sin embargo, el pecado nos separa de Dios. Pero el Señor nos ama tanto que envió a Su único Hijo, Jesucristo, a pagar con Su sangre preciosa por el perdón de nuestros pecados. Jesús murió en la cruz, pero resucitó al tercer día. ¡Él está vivo! Solo a través de Jesús es que podemos tener relación con el Padre e ir al cielo cuando muramos.

"Jesús le dijo: Yo soy el camino, y la verdad, y la vida; nadie viene al Padre, sino por mí". **Juan 14:6**

Cuando muere alguien que ha reconocido a Cristo como su Señor y salvador, inmediatamente va al cielo a estar con Él por la eternidad.

¿ES POSIBLE EXPERIMENTAR EL CIELO EN LA TIERRA?

¡Sí! Aunque no vamos a experimentar la plenitud de las bendiciones de Dios en esta vida, podemos comenzar a vivir algunas de las maravillosas cosas que Dios planeó para nosotros, en Cristo. Esto sucederá cuando Su Reino sea establecido y Su voluntad sea hecha en nuestra vida, por medio de nuestra obediencia a Sus mandamientos. Esta es la razón por la que Jesús nos enseñó a orar:

"Venga tu reino. Hágase tu voluntad, como en el cielo, así también en la tierra". **Mateo 6:10**

Además, el cielo vendrá a la tierra en la segunda venida de Cristo. Vendrá con aquellos que hayan muerto en Él, y establecerá Su Reino en Jerusalén.

"Y yo Juan vi la santa ciudad, la nueva Jerusalén, descender del cielo, de Dios, dispuesta como una esposa ataviada para su marido. Y oí una gran voz del cielo que decía: He aquí el tabernáculo de Dios con los hombres, y él morará con ellos; y ellos serán su pueblo, y Dios mismo estará con ellos como su Dios". **Apocalipsis 21:2-3**

El cielo es un lugar real, mucho mejor de lo que podemos imaginar. Jesús es el único camino que nos lleva al cielo. Es imposible merecer o ganar la entrada por méritos propios. Si usted quiere obtener esa entrada, primero debe tomar la decisión de arrepentirse de sus pecados y aceptar a Jesús como su Señor y Salvador; o volver al Señor si usted abandonó Su relación con Cristo. Luego, debe comprometerse a orar y someter su vida a Dios, cada día, de modo que pueda comenzar a experimentar algo de lo que será el cielo, ¡aquí y ahora!

PREGUNTAS

1. ¿Qué pasará con la enfermedad, el dolor y el sufrimiento en el cielo?
2. ¿Podemos experimentar algo del cielo en la tierra?
3. ¿Qué debe hacer una persona para ir al cielo?

ACTIVACIÓN

- El líder hará el llamado a la salvación y la reconciliación con Dios.
- Luego, todos los presentes orarán en base a **Mateo 6:10,** para que el reino de Dios venga a sus vidas, trayendo sanidad, liberación, protección, provisión, y mucho más.
- Finalmente, orará por las necesidades de la gente.

OFRENDA

"Mas buscad primeramente el reino de Dios y su justicia, y todas estas cosas os serán añadidas". **Mateo 6:33**

Jesús dice que aquellos que no tienen una relación con Dios solo buscan cosas materiales como comida, techo y vestido. Éstas no son cosas malas; de hecho, son necesarias para la vida. Lo que Jesús dice es que aquellos que tienen una relación con Él, primero buscan el reino de Dios y como consecuencia, todas sus necesidades materiales son suplidas. Una manera de buscar primero el Reino, es trayendo nuestros diezmos y ofrendas al altar.

LECCIÓN 43

Arrebatando almas

OBJETIVO

- Salir a arrebatar las almas que están camino al infierno

"A algunos que dudan, convencedlos. A otros salvad, arrebatándolos del fuego; y de otros tened misericordia con temor, aborreciendo aun la ropa contaminada por su carne". **Judas 1:22-23**

Dios es un Dios de misericordia, pero también es un Dios de juicio. Todos los pecadores pasarán la eternidad en el lago de fuego. La Biblia nos insta a "arrebatar las almas" que están destinadas al fuego eterno. ¿Cómo lo haremos? Llevándoles las buenas nuevas de salvación. Hay que decirles que Jesús murió en la cruz por nuestros pecados, que Él llevó nuestro castigo y ahora pueden ser libres. Quienes reciben a Jesús son perdonados, hechos hijos de Dios, y pasarán la eternidad con Cristo, en lugar de ir al infierno. Dios nos ha dado el mensaje del evangelio para que se lo llevemos a otros. ¡Salgamos hoy y rescatemos almas del pecado, la enfermedad, el infierno y la destrucción! ¡Traigámoslas a Jesús para que tengan salvación y vida eterna!

ACTIVACIÓN

- Si hay alguna persona nueva en la Casa de Paz, el líder hará el llamado al perdido.
- Orará por protección y bendición para salir a evangelizar.
- Todo el grupo orará por la salvación de las almas.

OFRENDA

"Y yendo, predicad, diciendo: El reino de los cielos se ha acercado. Sanad enfermos, limpiad leprosos, resucitad muertos, echad fuera demonios; de gracia recibisteis, dad de gracia". **Mateo 10:7-8**

La salvación es un regalo de Jesús para nosotros, a través de la obra terminada en la cruz. Ese mismo regalo de salvación debemos dárselo a otras personas, predicando el evangelio. Sembrar nuestros diezmos y ofrendas en el Reino es otra manera de dar lo que hemos recibido del Señor. Esta noche, demos con la revelación de que estamos sembrando en almas que serán ganadas para el reino de Dios.

EVANGELISMO:
Al final de esta lección, por favor dedique tiempo para salir por el vecindario a ganar almas. Vaya con todos los miembros de su Casa de Paz.

Bienvenida y Anuncios	5 Minutos
Diezmos y Ofrendas	10 Minutos
Enseñanza	10 Minutos
Salida Evangelistica o Koinonia	1 Hora

LECCIÓN 44

Fijando los ojos en Jesús

OBJETIVO

- Enseñarles a los asistentes a fijar su ojos en Jesús

"Por tanto, nosotros también, teniendo en derredor nuestro tan grande nube de testigos, despojémonos de todo peso y del pecado que nos asedia, y corramos con paciencia la carrera que tenemos por delante, puestos los ojos en Jesús, el autor y consumador de la fe, el cual por el gozo puesto delante de él sufrió la cruz, menospreciando el oprobio, y se sentó a la diestra del trono de Dios". **Hebreos 12:1-2**

Estamos viviendo en la era de la información al instante. La internet vino a transformar nuestro mundo. Las redes sociales, los periódicos y las revistas digitales, así como otros medios de comunicación modernos producen nuevos contenidos cada minuto. Nos hemos convertido en una sociedad consumista de todo tipo de información. Así que, en un mundo que lucha por captar nuestra atención, surge esta pregunta ¿Dónde o en quién está fija nuestra mirada? Tenemos que reflexionar sobre esta pregunta porque determinará el rumbo de nuestra vida y nos ayudará a vivir con propósito.

¿QUÉ SIGNIFICA "FIJAR"?

En este caso, la palabra *fijar* significa poner atención no dividida sobre un objetivo; alejar la mirada de toda distracción que intente desviarla; no perder la perspectiva. Entender esta palabra es importante porque donde está su enfoque allí estará su fe. Todas las distracciones del mundo están diseñadas por el enemigo para desgastar nuestra fe, dividir nuestra mente y corazón, crear inestabilidad en nuestras vidas y hacernos dependientes de las cosas temporales. Por eso, debemos fijar nuestra mirada en las cosas eternas y en la persona de Jesucristo.

CUIDADO CON LAS DISTRACCIONES

En una ocasión los discípulos de Jesús partieron en una barca para cruzar el Mar de Galilea. Jesús se quedó atrás. Después de orar, decidió cruzar el mar caminando sobre el agua. Cuando los discípulos lo vieron, se sobresaltaron, y pensaron que era un fantasma. Pedro le dijo: *"Señor, si eres tú, manda que yo vaya a ti sobre las aguas"* **(Mateo 14:28)**. Jesús atendió su pedido y Pedro salió de la barca ¡y comenzó a caminar sobre el mar! *"Pero al ver el fuerte viento, tuvo miedo; y comenzando a hundirse, dio voces, diciendo: ¡Señor, sálvame! Al momento Jesús, extendiendo la mano, asió de él"* **(vv.30-31)**.

Mientras Pedro se mantuvo mirando a Jesús, tuvo fe para caminar sobre el agua. Cuando vio las circunstancias externas —los vientos, las olas, el hecho de que nunca había caminado sobre el agua y nunca había visto a nadie hacerlo— comenzó a faltarle la fe y el miedo le estremeció. La fe lo hizo operar en lo sobrenatural, pero el miedo lo empujó a lo natural, y comenzó a hundirse. En ese momento Pedro clamó a Jesús quien inmediatamente vino a salvarlo. El Señor le hizo saber el motivo por el cual se estaba hundiendo: *"¡Hombre de poca fe! ¿Por qué dudaste?"* **(vv.31)**.

Asimismo, muchas distracciones en la vida nos llevan a poner nuestra mirada en los problemas y circunstancias naturales y a alejarlas de Jesús. Si confiamos en Dios para nuestra provisión, protección y cubrir todas nuestras necesidades, Él suplirá. Sin embargo, cuando nos enfocamos en la dificultad de una situación nos hundiremos. ¡Gloria a Dios que aunque fallemos, si clamamos a Jesús, Él siempre vendrá a socorrernos!

JESÚS ES EL AUTOR Y CONSUMADOR DE NUESTRA FE

Nuestra fe empieza y termina en la persona de Jesús. Por eso debemos apagar toda distracción y fijar nuestros ojos en Él. Jesús soportó el sacrificio de la cruz por el gozo puesto delante de Él. Ese gozo es el de vernos salvos. Él creyó en nosotros cuando no valíamos nada. Lo dio todo por nosotros cuando aún estábamos sumergidos en delitos y pecados. Por eso, Sus planes son de bien y no de mal. Mantener nuestro enfoque en la persona de Jesús nos garantiza que terminaremos la vida cristiana con éxito. Todo comienza en nuestro corazón, cuando decidimos que Jesús es el foco de nuestra vida y asumimos el compromiso de perseverar hasta el final.

PREGUNTAS

1. ¿Cuál es el propósito de las distracciones en nuestra vida?
2. ¿Qué le pasó a Pedro cuando quitó su mirada de Jesús?
3. ¿En quién debemos fijar nuestros ojos?

ACTIVACIÓN

- El líder hará el llamado a la salvación.
- Guiará al grupo a hacer una oración de arrepentimiento por fijar los ojos en las cosas naturales y pedirá la gracia para que todos mantengan los ojos enfocados en Jesús.
- Finalmente, el líder orará por las necesidades del grupo

OFRENDA

"Sino acuérdate de Jehová tu Dios, porque él te da el poder para hacer las riquezas, a fin de confirmar su pacto que juró a tus padres, como en este día". **Deuteronomio 8:18**

Hay personas que fijan sus ojos en el trabajo u otras cosas, como su fuente de provisión. Pero el poder para hacer riquezas proviene de Dios. Cuando honramos al Señor con nuestros diezmos y ofrendas, le mostramos al cielo y a la tierra que confiamos en la provisión divina, a pesar de las circunstancias naturales.

LECCIÓN 45

Dios nunca falla

OBJETIVOS

- Reconocer que las personas fallan, pero Cristo nunca fallará
- Aprender que Cristo es la roca sobre la cual debemos edificar nuestra vida

"No faltó palabra de todas las buenas promesas que Jehová había hecho a la casa de Israel; todo se cumplió". **Josué 21:45**

Durante la pandemia de 2020, comprobamos que los sistemas de salud fallan, la medicina falla, las instituciones fallan, los gobiernos fallan, aun las mejores estrategias fallan. A veces, las personas en las que confiamos nos fallan. ¿Será posible encontrar algo o alguien que no falle? La respuesta es ¡SÍ! El único lugar donde podemos encontrar seguridad y estabilidad para nuestra vida es en la persona de Jesús. Él nunca falla. Jesús es nuestra roca firme cuando arrecia la tormenta y viene la angustia y la tribulación.

LAS PERSONAS FALLAMOS

La Biblia está llena de personajes que han fallado. Los primeros fueron Adán y Eva, quienes desobedecieron a Dios, provocando que toda la humanidad naciera con una naturaleza de pecado. Luego, cuando tuvieron hijos, Caín, el mayor, mató a Abel su hermano menor. Desde entonces vemos cómo el ser humano se corrompió, hasta que Dios decidió destruir toda la raza humana por medio de un diluvio universal. Solo se salvaron ocho personas.

Justo después del diluvio, vemos que Noé sembró una viña, hizo vino y se emborrachó. Así, sucesivamente, vemos falla tras falla en el ser humano. Hasta que vino Jesucristo, el Hijo de Dios, quien nunca falló. Por eso, podemos y debemos edificar nuestra fe en Él.

CRISTO FUE TENTADO EN TODO

"Porque no tenemos un sumo sacerdote [Jesús] que no pueda compadecerse de nuestras debilidades, sino uno que fue tentado en todo según nuestra semejanza, pero sin pecado". **Hebreos 4:15** (Énfasis añadido)

Cristo fue tentado en todo lo que el ser humano puede ser tentado, pero no cayó en tentación. En una ocasión, después de 40 días de ayuno, el diablo lo tentó en tres oportunidades. La primera tentación consistió en desafiar a Jesús a convertir piedras en pan; allí satanás quería que Él usara Su poder sobrenatural para suplir sus propios deseos y necesidades. La segunda vez satanás tentó a Jesús a que se lazara de lo más alto del templo para que los ángeles vinieran a salvarlo; allí, el diablo quería que Jesús pusiera al Padre a prueba. La tercera tentación consistió en ofrecerle todas las riquezas del mundo si lo adoraba. Jesús no cayó en las tentaciones. Pero ¿cuántas veces la gente cae en las trampas del diablo de una u otra manera?

Jesús fue tentado en todo. Él conoce nuestra condición y se puede identificar con nosotros. Sabe lo difícil que es vencer la tentación, y que muchas veces fallamos. Por eso, debemos acudir a Él para el perdón de nuestros pecados, pues es nuestro Sumo Sacerdote.

CRISTO ES NUESTRA ROCA

Jesús hace una comparación entre los que oyen Su palabra y la obedecen, y los que no la oyen o no la obedecen.

"Cualquiera, pues, que me oye estas palabras, y las hace, le compararé a un hombre prudente, que edificó su casa sobre la roca. Descendió lluvia, y vinieron ríos, y soplaron vientos, y golpearon contra aquella casa; y no cayó, porque estaba fundada sobre la roca. Pero cualquiera que me oye estas palabras y no las hace, le compararé a un hombre insensato, que edificó su casa sobre la arena; y descendió lluvia, y vinieron ríos, y soplaron vientos, y dieron con ímpetu contra aquella casa; y cayó, y fue grande su ruina". **Mateo 7:24-27**

Aquí vemos dos cosas. Lo primero es que a ambos hombres les vino la tormenta. Esto quiere decir que nadie está libre de problemas. Lo segundo es que la diferencia entre el final de uno y el final del otro fue el fundamento de sus casas. Los que confían en Jesús y hacen lo que Él dice —a pesar de los problemas y circunstancias de la vida— sobrevivirán a la tormenta y obtendrán la victoria.

"Jesucristo es el mismo ayer, y hoy, y por los siglos". **Hebreos 13:8**

Jesús es nuestra roca porque Él nunca cambia. Cuando usted vea que las personas fallan, el gobierno falla, y todo en lo que usted confiaba falla, debe recordar que la roca inconmovible es y siempre será Jesucristo.

Por último, Jesús es la roca para nuestras vidas, porque es el único camino al Padre. Él es el camino, la verdad, y la vida. Nadie va al Padre sino a través de Cristo (Juan 14:6). Aunque todo lo demás falle, Cristo nunca fallará. Por eso, todo aquel que le recibe como Señor y salvador, puede confiar en que Él le guardará por la eternidad.

PREGUNTAS

1. ¿Alguna vez alguien le falló y eso le causó decepción?
2. ¿En alguna ocasión usted le ha fallado a otro y esta persona quedó decepcionada?
3. ¿Quién es la roca que nunca nos falla?

ACTIVACIÓN

- El líder hará el llamado al perdido.
- Guiará al grupo a pedirle perdón a Dios por haber confiado en otras cosas y no en Cristo.
- Finalmente, el líder orará por las necesidades del pueblo

OFRENDA

"Mientras la tierra permanezca, no cesarán la sementera y la siega, el frío y el calor, el verano y el invierno, y el día y la noche". **Génesis 8:22**

La Biblia nos enseña que, mientras esperamos la venida de Cristo, siempre habrá un ciclo de siembra y cosecha. Así como un agricultor siembra su semilla en la tierra y espera recibir una cosecha, nosotros traemos nuestros diezmos y ofrendas a Dios, esperando Su bendición. Es un ciclo continuo. El hecho de haber sembrado la semana pasada no quiere decir que ya no tenemos que sembrar más. Continuemos el ciclo de siembra para disfrutar de una cosecha continua.

LECCIÓN 46

Ser agradecidos

OBJETIVO

- Enseñar al pueblo que necesitamos ser agradecidos con Dios y con los demás

"Entrad por sus puertas con acción de gracias, por sus atrios con alabanza; alabadle, bendecid su nombre. Porque Jehová es bueno; para siempre es su misericordia, y su verdad por todas las generaciones". **Salmos 100:4-5**

Vivimos en un mundo donde mucha gente es desagradecida. De hecho, **2 Timoteo 3:1-2** dice que una de las características de los hombres de los últimos tiempos es que serán desagradecidos. Sin embargo, los cristianos tenemos muchas razones para agradecer; por eso, debemos mostrar nuestro agradecimiento en todo tiempo.

¿QUÉ ES EL AGRADECIMIENTO?

El agradecimiento es una actitud del corazón, por medio del cual demostramos que reconocemos y apreciamos lo que otros han hecho por nosotros. La gratitud es más que simplemente decir "gracias". El mayor enemigo del agradecimiento es el orgullo. Hay gente que piensa que merece todo y por esa razón nunca agradece. El agradecimiento destruye el orgullo que hay en nosotros.

¿POR QUÉ DEBEMOS ESTAR AGRADECIDOS?

El agradecimiento siempre está dirigido a una persona. No tiene sentido ser agradecido con las nubes por la lluvia o con el sol por la luz. Debemos ser agradecidos con Dios, quien hizo las nubes, el sol y todo lo que existe. Todas las cosas buenas en el universo vienen de Dios, el autor y creador de todo.

"Toda buena dádiva y todo don perfecto desciende de lo alto, del Padre de las luces, en el cual no hay mudanza, ni sombra de variación". **Santiago 1:17**

Cada día debemos mostrar nuestra gratitud a Dios. Sin Él ni siquiera estaríamos vivos. Como cristianos, debemos estar conscientes de la bondad de Dios que se manifiesta a nuestro alrededor, cada día, en todas las cosas. Y siempre deberíamos agradecerle.

Además de ser agradecidos con Dios, debemos ser agradecidos con la gente en nuestra vida. Los hijos deben ser agradecidos con sus padres por sustentarlos y cuidarlos. Los esposos y esposas deben ser agradecidos el uno con el otro. Muchas veces nuestros amigos nos han ayudado a atravesar diferentes situaciones. Nuestros pastores y líderes nos han enseñado el camino hacia Dios. Cuando alguien hace algo bueno por nosotros debemos ser agradecidos.

¿CÓMO DEMOSTRAMOS NUESTRA GRATITUD?

Hay muchas maneras de mostrar nuestro agradecimiento a alguien. Una de ellas es, simplemente, decir "gracias" por lo que ha hecho. Otra manera es hacer algo especial por esa persona. También podemos estar disponibles para esa persona en un tiempo de necesidad, podemos hacerle un regalo u orar por ella. Todas estas son formas de mostrarle a alguien que reconocemos que nos han bendecido de alguna manera.

¿CÓMO LE MOSTRAMOS GRATITUD A DIOS?

Hay muchas maneras de mostrarle nuestro agradecimiento a Dios. Una de ellas es a través de las palabras. El **Salmos 100:4** dice que debemos *"Entrar por Sus puertas con acción de gracias, y por Sus atrios, con alabanza"*. Esto significa que debemos hablarle a Dios y decirle cuán agradecidos estamos. ¿Ha tenido tiempo para agradecerle hoy?

También mostramos nuestra gratitud a Dios a través de nuestra alabanza. Alabamos a Dios por Sus poderosas obras. Cuando vivimos una vida de fe, siempre tenemos testimonios de Dios respondiendo nuestras oraciones. Mostramos nuestra gratitud a Dios llevando sacrificios y ofrendas a Su presencia. En el Antiguo Testamento había un ofrenda específica llamada "ofrenda de acción de gracias" **(vea Levítico 7:11-16)**. Era una ofrenda voluntaria que daba una persona que quería agradecerle a Dios por alguna forma de liberación.

"Envió su palabra, y los sanó, y los libró de su ruina. Alaben la misericordia de Jehová, y sus maravillas para con los hijos de los hombres; ofrezcan sacrificios de alabanza, y publiquen sus obras con júbilo". **Salmos 107:20-22**

Hay muchas cosas por las cuales debemos estar agradecidos, pero la más importante es el don de la salvación. La Biblia nos enseña que toda persona ha pecado y le ha dado la espalda al Padre, pero Dios quiere restaurar nuestra relación con Él. Para esto envió a Su Hijo, Jesucristo, a morir en una cruz, tomando nuestro lugar. Él nos ofrece este regalo: la vida eterna. Para esto debemos recibir a Jesucristo como nuestro Señor y Salvador.

"Y este es el testimonio: que Dios nos ha dado vida eterna; y esta vida está en su Hijo". **1 Juan 5:11**

PREGUNTAS

1. ¿Qué significa ser agradecido?
2. ¿Ha experimentado la falta de gratitud de otras personas?
3. ¿Cómo le muestra, usted, su gratitud a Dios?

ACTIVACIÓN

- El líder hará el llamado a la salvación.
- El grupo dedicará tiempo para orar y agradecer a Dios por todo lo que ha hecho por ellos.
- Además, tomarán tiempo para expresar aquello por lo que están agradecidos.
- Finalmente, el líder orará por las necesidades de la gente.

OFRENDA

"Sacrifica a Dios alabanza, y paga tus votos al Altísimo; e invócame en el día de la angustia; te libraré, y tú me honrarás". **Salmos 50:14-15**

Hoy tenemos la oportunidad no solo de agradecerle a Dios con nuestras palabras, sino también poniendo en el altar una ofrenda de agradecimiento. Dios se agrada cuando somos agradecidos, porque Él siempre está listo para oír nuestro clamor y liberarnos.

LECCIÓN 47

Gratitud y oración

OBJETIVO

- Aprender que nuestras oraciones siempre deben incluir un tiempo de acción de gracias a Dios

En varios lugares de la Biblia, el apóstol Pablo les recuerda a los creyentes que hay un ingrediente especial que debemos agregar a nuestras oraciones. Este ingrediente es la acción de gracias. Cuando estamos atravesando pruebas y tiempos difíciles, el agradecimiento a Dios cambia nuestra manera de ver los problemas y aumenta nuestra fe.

LA GRATITUD AYUDA A SUPERAR LA ANSIEDAD

Hoy en día vivimos tiempos de mucha incertidumbre. Parece que el mundo va de mal en peor y escuchar malas noticias todo el tiempo trae ansiedad. La Biblia nos ofrece el mejor remedio para esto: llevar nuestras ansiedades a Dios en oración.

"Por nada estéis afanosos, sino sean conocidas vuestras peticiones delante de Dios en toda oración y ruego, con acción de gracias. Y la paz de Dios, que sobrepasa todo entendimiento, guardará vuestros corazones y vuestros pensamientos en Cristo Jesús".
Filipenses 4:6-7

¿Qué es aquello que le está causando ansiedad? Ore a Dios acerca de la situación, pero recuerde tener un tiempo para agradecerle. La ansiedad es un miedo a lo que pueda suceder en el futuro. Puede que no suceda, pero nos preocupa que pueda ocurrir. En contraste, la acción de gracias nos fuerza a mirar el presente y el pasado. Para agradecer a Dios tenemos que pensar en todo lo que Él ha hecho por nosotros. Esto incluye cambiar nuestro enfoque. Dejar de pensar en las cosas malas que quizá ocurran o no en el futuro, para pensar en las cosas buenas que ya sucedieron, incluso hoy. Esto ayuda a levantar nuestra fe, porque si Dios nos libró ayer, también nos librará hoy, y lo seguirá haciendo en el futuro. ¡Él es fiel, no cambia!

El resultado de agradecer a Dios, según el versículo siete de Filipenses es que Dios desata Su paz. Una vez que dejamos de enfocarnos en el problema y nos enfocamos en Dios, esto se convierte en una protección que guarda nuestro corazón y mente. Satanás ataca su corazón y su mente porque quiere que usted se enfoque en lo negativo. Dios quiere que confíe en Él y tenga paz. De ahora en adelante, asegúrese de que sus oraciones incluyan un tiempo de acción de gracias a Dios. Ser agradecido no solo nos ayuda a vencer la ansiedad, sino que también nos ayuda a tener gozo.

LA GRATITUD NOS AYUDA A REGOCIJARNOS EN TODA CIRCUNSTANCIA

Una de las bendiciones de ser un verdadero cristiano es tener una vida de gozo. La gente sin Dios tiene un vacío que busca llenar con alcohol, drogas, sexo, dinero, poder, etcétera. Sin embargo, cualquier placer o felicidad terrenal es temporal. El gozo que Cristo nos da es más que una felicidad pasajera. Es la capacidad de regocijarnos más allá de las situaciones de la vida, sean malas o buenas. Otra vez, el apóstol Pablo conecta la oración con la acción de gracias, y nos da una clave para vivir en gozo.

"Estad siempre gozosos. Orad sin cesar. Dad gracias en todo, porque esta es la voluntad de Dios para con vosotros en Cristo Jesús". **1 Tesalonicenses 5:16-18**

La Palabra nos enseña que al orar debemos ser persistentes, y no olvidar el ingrediente clave de la acción de gracias. Cuando le agradecemos a Dios, reconocemos que Él ha sido bueno en los tiempos buenos, así como en los mejores. Nuestro gozo no depende de los problemas de hoy, sino de Dios, que es siempre bueno. Finalmente, debemos aprender a desarrollar una actitud de gratitud, como parte de nuestra vida de oración.

UNA ACTITUD DE AGRADECIMIENTO

"Perseverad en la oración, velando en ella con acción de gracias". **Colosenses 4:2**

Cuando mantenemos una vida de oración, debemos tener una actitud de agradecimiento. Siempre demos gracias a Dios, por todo y en todo. Cada día, cuando ore, asegúrese de agradecer a Dios por todas las cosas. Él es nuestro Padre celestial y se ocupa de nosotros.

¿Qué ha hecho Dios por usted recientemente? Agradézcale. ¿Se levantó hoy? Agradézcale. ¿Tiene una familia? Agradézcale. ¿Tiene alimento? Agradézcale. ¿Tiene salud? Agradézcale. Él es bueno y es la fuente de cada bendición en nuestra vida. En fin, no podemos olvidar que Dios ha puesto a nuestra disposición el mayor regalo de todos, que es el regalo de la salvación. Debemos agradecer a Dios, siempre, por enviar a Su Hijo como sacrificio para pagar por todos los pecados de la humanidad, para que tengamos una vida eterna con Él. Si nunca ha recibido a Jesús en su corazón, haga de hoy el día más importante del resto de su vida. ¡Reciba a Jesús como su Señor y Salvador!

PREGUNTAS

1. ¿Cómo nos ayuda la acción de gracias a vencer la ansiedad?
2. ¿Cómo nos ayuda la acción de gracias a estar siempre regocijados?
3. ¿Cuál es el mayor regalo de Dios para usted?

ACTIVACIÓN

- El líder hará el llamado de salvación.
- El grupo tomará un tiempo para orar contra la ansiedad y la depresión.
- Luego, tomarán un momento para dar gracias a Dios.
- Finalmente, el líder orará por las necesidades de la gente.

OFRENDA

"Y el que da semilla al que siembra, y pan al que come, proveerá y multiplicará vuestra sementera, y aumentará los frutos de vuestra justicia, para que estéis enriquecidos en todo para toda liberalidad, la cual produce por medio de nosotros acción de gracias a Dios". **2 Corintios 9:10-11**

Dios ve nuestras ofrendas financieras como semillas que deben producir cosechas. Mucha gente se queja por no tener suficiente dinero para cubrir sus deudas; entonces, ¿cómo podrían dar ofrendas? Dios dice que Él dará semilla al que siembra, y su cosecha será tan abundante que tendremos para ser muy generosos. Al sembrar en nuestro ministerio, abundarán las acciones de gracias a Dios, de parte de quienes ya son salvos.

LECCIÓN 48

Gratitud hacia Dios y los hermanos

OBJETIVO

- Pasar tiempo juntos en acción de gracias

"Alabad a Jehová, porque él es bueno, porque para siempre es su misericordia". **Salmos 136:1**

No importa cuáles sean las circunstancias que estemos atravesando en la vida, siempre hay algo por lo que estar agradecidos. Desafortunadamente, mucha gente se enfoca en las circunstancias negativas y pierde la esperanza. En cambio nosotros seguimos enfocados en las cosas por las que estamos agradecidos. La gratitud nos permite ver que, a pesar de cualquier circunstancia, Dios está con nosotros. Dios ha enviado gente a nuestra vida en el momento justo para ayudarnos en tiempos de necesidad. Debemos estar agradecidos con Dios por enviarlos. Hoy, reunidos como grupo, tomemos el tiempo para agradecer a Dios, testificando de lo que Dios ha hecho por nosotros, y agradezcámosles a quienes están a nuestro alrededor.

ACTIVACIÓN

- El líder hará el llamado a la salvación.
- Orará por las necesidades de la gente.
- Después, el grupo orará dando gracias a Dios.
- Finalmente, todo el grupo compartirá las razones por las cuales están agradecidos con Dios.

OFRENDA

"Voluntariamente sacrificaré a ti; alabaré tu nombre, oh Jehová, porque es bueno". **Salmos 54:6**

Parte de la acción de gracias a Dios es ofrecerle ofrendas voluntarias. Tales ofrendas proceden del corazón y tienen un solo propósito: mostrarle nuestra gratitud. Demos gracias a Dios con nuestras palabras, nuestro servicio, pero también con nuestros diezmos y ofrendas.

KOINONÍA:
Al final de esta lección, por favor tenga un tiempo de confraternidad con todos los miembros de su Casa de Paz. Por ejemplo: compartan un café o hagan una actividad para romper el hielo, etc.

Bienvenida y Anuncios	5 Minutos
Diezmos y Ofrendas	10 Minutos
Enseñanza	10 Minutos
Salida Evangelistica o Koinonia	1 Hora

LECCIÓN 49

El nacimiento sobrenatural de Jesús

OBJETIVOS

- Aprender que el nacimiento de Jesús fue sobrenatural
- Celebrar la Navidad con verdadero propósito

"Pero no la conoció hasta que dio a luz a su hijo primogénito; y le puso por nombre JESÚS".
Mateo 1:25

La época navideña ya está entre nosotros, y lo primero que viene a la mente de muchas personas son regalos, fiestas familiares, armar casas de galletas de jengibre, viajar y mucho más. La verdad es que la mayoría de la gente ha olvidado la verdadera razón de la Navidad, que es celebrar el nacimiento de Jesucristo. Por eso, hoy aprenderemos acerca de la historia del nacimiento sobrenatural de Jesús.

EL NACIMIENTO SOBRENATURAL DE JESÚS

"El nacimiento de Jesucristo fue así: Estando desposada María su madre con José, antes que se juntasen, se halló que había concebido del Espíritu Santo".
Mateo 1:18

La vida terrenal de Jesús es sobrenatural, comenzando por Su nacimiento. Jesús fue concebido por el Espíritu Santo a través de una mujer virgen. Este nacimiento sobrenatural fue profetizado 700 años antes, en **Isaías 7:14**: *"Por tanto, el Señor mismo os dará señal: He aquí que la virgen concebirá, y dará a luz un hijo, y llamará su nombre Emanuel". El nombre "Emanuel" significa "Dios con nosotros".* Dios escogió este nombre para enviar a la tierra, de manera milagrosa, a Su Hijo unigénito y así marcar la maravillosa vida que Jesús tendría. Tal como Dios hizo esto que humanamente es imposible, también puede hacer algo imposible en nuestra vida.

LA PROTECCIÓN SOBRENATURAL DE DIOS

"Herodes entonces, cuando se vio burlado por los magos, se enojó mucho, y mandó matar a todos los niños menores de dos años que había en Belén y en todos sus alrededores, conforme al tiempo que había inquirido de los magos". **Mateo 2:16**

Una vez nacido, Jesús tuvo que enfrentar muchos obstáculos. Mientras los magos buscaban al Salvador de este mundo para adorarlo, el rey Herodes indagaba sobre Él con el fin de matarlo. Fue así que emitió un decreto para asesinar a cualquier niño menor de dos años que hubiese nacido en Belén o sus alrededores. Pero Jesús fue protegido divinamente. En estos últimos tiempos quizá enfrentemos muchos obstáculos, pero Dios nos protegerá de todo mal.

LA GUÍA SOBRENATURAL DE DIOS

"Pero oyendo que Arquelao reinaba en Judea en lugar de Herodes su padre, tuvo temor de ir allá; pero avisado por revelación en sueños, se fue a la región de Galilea, y vino y habitó en la ciudad que se llama Nazaret, para que se cumpliese lo que fue dicho por los profetas, que habría de ser llamado nazareno". **Mateo 2:22-23**

Dios siempre provee un camino, aun cuando parece no haber ninguno. La voz de Dios guió a José y María para que supieran qué pasos dar a fin de proteger a Jesús y su familia.

Todo acerca de la vida de Jesús es sobrenatural. José y María recibieron a un niño que se convertiría en el Salvador de la humanidad. Jesús vino a la tierra, como hombre, para morir por nuestros pecados. Solo en Él encontramos salvación, porque fue Él quien murió en nuestro lugar. Si lo recibimos como nuestro Señor y Salvador, nuestros pecados serán perdonados. Entonces, el poder de Dios estará disponible para librarnos de cualquier situación que sea imposible para el hombre, porque para Dios todo es posible. Gracias al nacimiento de Jesús, la muerte, la pobreza, la enfermedad, las dolencias, satanás y todas las maldiciones han sido derrotadas. En esta Navidad, asegúrese de saber qué es lo que está celebrando y haga a Jesús el Señor de su vida.

PREGUNTAS

1. ¿Cómo nació Jesús?
2. ¿Qué eventos sobrenaturales ocurrieron durante la infancia de Jesús?

ACTIVACIÓN

- El líder hará el llamado a la salvación.
- Luego, orará por las necesidades de la gente.
- También orará y ministrará al grupo, liberándolo de depresión, ansiedad, estrés y tristeza.

OFRENDA

"Cada uno dé como propuso en su corazón: no con tristeza, ni por necesidad, porque Dios ama al dador alegre". **2 Corintios 9:7**

Dios el Padre es el mayor dador de todos. Él nos dio a Su único Hijo para que nosotros tuviéramos vida eterna. Hoy, cuando presente sus diezmos y ofrendas, considere la actitud de su corazón. ¿Está dando sin querer hacerlo? ¿Está dando por obligación? Si es así, cambie su manera de darle a Dios. El Padre quiere que también nosotros seamos dadores alegres.

LECCIÓN 50

La importancia del Salvador

OBJETIVOS

- Entender la importancia de Jesucristo como nuestro Salvador
- Entender que Jesús es nuestro redentor y Salvador

"Que os ha nacido hoy, en la ciudad de David, un Salvador, que es CRISTO el Señor". **Lucas 2:11**

El nacimiento de Jesús es el centro de esta temporada de Navidad. Sin embargo, mucha gente no entiende la necesidad de un Salvador. Por eso, tenemos que conocer la razón por la cual el Hijo de Dios vino a la tierra.

EL PLAN ORIGINAL DE DIOS PARA LA HUMANIDAD

"Y creó Dios al hombre a su imagen, a imagen de Dios lo creó; varón y hembra los creó. Y los bendijo Dios, y les dijo: Fructificad y multiplicaos; llenad la tierra, y sojuzgadla, y señoread en los peces del mar, en las aves de los cielos, y en todas las bestias que se mueven sobre la tierra". **Génesis 1:27-28**

El plan original de Dios era que fuéramos como Él y tuviéramos dominio sobre la tierra. Su intención era que viviéramos en relación con un Dios Santo.

EL PECADO DE DESOBEDIENCIA

"Y vio la mujer que el árbol era bueno para comer, y que era agradable a los ojos, y árbol codiciable para alcanzar la sabiduría; y tomó de su fruto, y comió; y dio también a su marido, el cual comió así como ella". **Génesis 3:6**

Dios le dio instrucciones a Adán que podían comer de todo lo que había en el huerto, excepto del árbol del conocimiento del bien y del mal. Pero su mujer Eva fue tentada por la serpiente y ambos cayeron en desobediencia. Este fue el primer pecado cometido en la historia de la humanidad y el origen del mundo caído en el que actualmente vivimos. El mundo clama por un salvador que pueda darle esperanza, no solo en el día a día, sino que nos dé la salvación eterna.

¿POR QUÉ NECESITAMOS UN SALVADOR?

"Y pondré enemistad entre ti y la mujer, y entre tu simiente y la simiente suya; esta te herirá en la cabeza, y tú le herirás en el calcañar". **Génesis 3:15**

Tras la caída del hombre en el huerto de Edén, el pecado entró en la humanidad y nos separó de Dios. Necesitamos un salvador que nos redima de nuestra naturaleza pecaminosa y nos reconcilie con nuestro Padre. La bondad de Dios es tan grande que, en el momento en que caímos en pecado, Él ya tenía un plan redentor. Jesús nacería para derrotar las obras de satanás y nos otorgaría la salvación. Cristo es la "semilla" de **Génesis 3:15** que aplasta la cabeza de la serpiente.

"Porque si siendo enemigos, fuimos reconciliados con Dios por la muerte de su Hijo, mucho más, estando reconciliados, seremos salvos por su vida. Y no solo esto, sino que también nos gloriamos en Dios por el Señor nuestro Jesucristo, por quien hemos recibido ahora la reconciliación". **Romanos 5:10-11**

Ésta es la mayor promesa que Dios le dio a la humanidad. Dios abrió un camino, mientras aún éramos pecadores. Jesús nació para darle al mundo la oportunidad de recibir salvación. Durante esta temporada, celebramos la redención y la salvación que Él ganó para nosotros. Este es el mejor regalo que jamás hayamos recibido, que es pasar la eternidad con nuestro Padre celestial. Dios ya hizo Su parte. Ahora, depende de nosotros recibir el regalo de la vida eterna, a través de Jesucristo. En este tiempo de Navidad, ¡reciba a Jesús como su Señor y Salvador!

PREGUNTAS

1. ¿Por qué celebramos el nacimiento de Jesús?
2. ¿Cuál era la intención original de Dios para nosotros?

ACTIVACIÓN

- El líder hará el llamado a la salvación.
- Luego, guiará al grupo a reafirmar su compromiso con Jesús de orar y buscar Su presencia, todos los días.
- Finalmente, orará por las necesidades de la gente y ministrará liberación a quienes lo necesiten.

OFRENDA

"Porque con una sola ofrenda hizo perfectos para siempre a los santificados". **Hebreos 10:14**

Jesús es el sacrificio que purifica y santifica a todos aquellos que lo reciben como su Salvador. Un sacrificio es algo que ofrecemos voluntariamente a Dios. Jesús se sacrificó para que nosotros seamos perdonados. En esta Navidad, tengamos cuidado de darle regalos a todo el mundo y no honrar a Jesús, quien murió por nosotros. Honremos Su sacrificio y llevemos al altar diezmos y ofrendas para nuestro Señor y Salvador.

LECCIÓN 51

Celebración de Navidad

OBJETIVOS

- Entender qué es la Navidad
- Conocer la manera correcta de celebrar la Navidad

"Porque un niño nos es nacido, hijo nos es dado, y el principado sobre su hombro; y se llamará su nombre Admirable, Consejero, Dios Fuerte, Padre Eterno, Príncipe de Paz. Lo dilatado de su imperio y la paz no tendrán límite, sobre el trono de David y sobre su reino, disponiéndolo y confirmándolo en juicio y en justicia desde ahora y para siempre. El celo de Jehová de los ejércitos hará esto". **Isaías 9:6-7**

La Navidad está aquí y la gente está celebrando de distintas maneras. Algunos les dicen a sus hijos que Santa Claus (Papá Noel) repartirá regalos mientras ellos duermen. Otros están celebrando *Hanukkah*. Muchos se preparan para numerosas reuniones familiares y otros están haciendo compras ávidamente. Es triste ver que la verdadera celebración de esta temporada se ha perdido. Hoy, aprenderemos acerca de cómo mantener a Cristo en el centro de la Navidad.

¿QUÉ SIGNIFICA NAVIDAD?

"Y ahora, concebirás en tu vientre, y darás a luz un hijo, y llamarás su nombre JESÚS. Este será grande, y será llamado Hijo del Altísimo; y el Señor Dios le dará el trono de David su padre; y reinará sobre la casa de Jacob para siempre, y su reino no tendrá fin". **Lucas 1:31-33**

La Navidad es una temporada donde celebramos el nacimiento de nuestro Salvador, Jesucristo. Jesús fue un bebé milagro, porque fue concebido por el Espíritu Santo. Él es Dios hecho carne para regalarnos la vida eterna. En lugar de ver este tiempo como una temporada de fiestas o un feriado más, démosle prioridad y celebremos el nacimiento y la vida de Jesús.

¿CÓMO DEBEMOS CELEBRAR A JESÚS?

"Y al entrar en la casa, vieron al niño con su madre María, y postrándose, lo adoraron; y abriendo sus tesoros, le ofrecieron presentes: oro, incienso y mirra". **Mateo 2:11**

Cuando los tres reyes magos vieron la estrella, supieron que era una señal sobrenatural de que Jesús, nuestro Salvador, había nacido. Los corazones de los magos tuvieron tres expresiones genuinas:

1. **Acción de Gracias:** Ellos reconocieron que el Rey del mundo, quien traería salvación a la hu-

manidad, había llegado. Sus corazones estaban a la expectativa, buscando el lugar del nacimiento de Jesús, para expresar su gratitud.

2. **Adoración:** Una vez que llegaron donde estaba Jesús, la Biblia dice que ellos se postraron y lo adoraron como el Mesías.

3. **Regalos:** Los reyes también le dieron sus mejores ofrendas a Jesús.

En esta temporada de Navidad, nuestro corazón debe tener la misma actitud que tuvieron los tres reyes magos. Dios está buscando corazones agradecidos, que le adoren y le ofrenden lo mejor. El agradecimiento nos ayudará a estar contentos dondequiera que nos hallemos en este momento; ya sea en un lugar humilde, como el establo donde nació Jesús, o rodeados de familia y amigos. Hoy, escoja recordar a Aquel que le dio vida y salvación. Traiga ante Dios una ofrenda especial de acción de gracias y adórelo por Su vida y por Su obra en la cruz.

PREGUNTAS

1. ¿Cuál es el significado de la Navidad?
2. ¿Cómo debemos celebrar la Navidad?
3. ¿Cuál debe ser nuestra actitud hacia Dios?

ACTIVACIÓN

- El líder hará el llamado a la salvación.
- Luego, guiará al grupo a arrepentirse por no haber tenido la actitud correcta para celebrar la Navidad.
- Finalmente, orará por las necesidades que Dios le muestre.

OFRENDA

"Puestos los ojos en Jesús, el autor y consumador de la fe, el cual por el gozo puesto delante de él sufrió la cruz, menospreciando el oprobio, y se sentó a la diestra del trono de Dios". **Hebreos 12:2**

¿Dónde está su enfoque en esta temporada de Navidad? ¿Está en las cosas naturales o está en el Salvador? Es tiempo de dejar las cosas del mundo a un lado y enfocarnos en lo eterno. Tenemos que poner los ojos en Jesús. Cuando los reyes magos llegaron, no se presentaron ante Jesús con las manos vacías. Ellos le llevaron ofrendas. De la misma manera, nosotros tenemos que venir ante Jesús con una ofrenda que nazca de nuestro corazón.

LECCIÓN 52

Agradecimiento a Dios por Su bondad

OBJETIVOS

- Pasar tiempo en compañerismo
- Agradecer a Dios por todo lo que ha hecho

"Vuelve, oh alma mía, a tu reposo, porque Jehová te ha hecho bien. Pues tú has librado mi alma de la muerte, mis ojos de lágrimas, y mis pies de resbalar". **Salmos 116:7-8**

Estamos terminando un año y comenzando uno nuevo; por eso, es bueno tomar un momento, hacer una pausa y meditar en las bondades de Dios. Incluso si el año fue difícil, usted puede enfocarse en esta Palabra:

"Y sabemos que a los que aman a Dios, todas las cosas les ayudan a bien, esto es, a los que conforme a su propósito son llamados". **Romanos 8:28**

Si usted ama a Dios debe confiar en que Él tornará todo lo malo para su bien. Entonces podemos decir como el salmista:

"Alabad a Jehová, porque él es bueno, porque para siempre es su misericordia". **Salmos 136:1**

Nosotros podemos proclamar la bondad de Dios compartiendo lo que Él ha hecho por nosotros y declarando nuestras expectativas para el próximo año. También debemos recordar que Él nos ha dado el regalo de la salvación a través de Jesucristo, nuestro Señor.

ACTIVACIÓN

- El líder hará el llamado al perdido para que reciba salvación.
- Hará también una oración de agradecimiento a Dios por Sus bondades en el año que termina.
- Pasarán tiempo de koinonía con todo el grupo, compartiendo los alimentos.
- El líder animará a los presentes a dar testimonio de la fidelidad de Dios durante el año que pasó, y a compartir sus planes y expectativas para el año que comienza.

OFRENDA

"Mi Dios, pues, suplirá todo lo que os falta conforme a sus riquezas en gloria en Cristo Jesús". **Filipenses 4:19**

Dios es nuestra fuente y nuestro proveedor. Este año, Él ha probado ser fiel con nosotros. Nosotros también seamos fieles en traer nuestros diezmos y ofrendas a Dios, en agradecimiento por todo lo recibido de Su mano.

KOINONÍA:
Al final de esta lección, por favor tenga un tiempo de confraternidad con todos los miembros de su Casa de Paz. Por ejemplo: compartan un café o hagan una actividad para romper el hielo, etc.

CASA DE PAZ agenda

Bienvenida y Anuncios	5 Minutos
Diezmos y Ofrendas	10 Minutos
Enseñanza	10 Minutos
Salida Evangelistica o Koinonia	1 Hora

ORACIÓN DE SALVACIÓN

Padre Celestial, yo reconozco que soy un pecador y que mi pecado me separa de Ti. Me arrepiento de todos mis pecados y confieso a Jesús como mi Señor y Salvador. Creo con todo mi corazón que Dios el Padre levantó a Jesús de entre los muertos, por el poder de Su Espíritu Santo. Señor Jesús, entra en mi corazón y transforma mi vida. El día que muera, al abrir los ojos, sé que estaré en tus brazos. ¡Amén!

www.ingramcontent.com/pod-product-compliance
Lightning Source LLC
Chambersburg PA
CBHW080445110426
42743CB00016B/3286